FRAN

François Morel est un touche-à-tout. Après des études littéraires et un passage à l'école de la rue Blanche (ENSATT), il entame une brillante carrière de comédien à la télévision, au cinéma et au théâtre. Depuis 2009, il assure une chronique sur France Inter tous les vendredis matin dans le 7-9 présenté par Nicolas Demorand, « Le billet de François Morel ». Il a publié quatre ouvrages rassemblant les pépites de ces chroniques : *L'Air de rien : chroniques 2009-2011* (2011 ; Pocket, 2013), *Je veux être futile à la France : chroniques 2011-2013* (2013 ; Pocket, 2014), *Je rigolerais qu'il pleuve : chroniques 2013-2015* (2015 ; Pocket, 2017) et *Jamais la même chose : chroniques 2015-2017* (2017), tous parus chez Denoël.

JE RIGOLERAIS QU'IL PLEUVE

DU MÊME AUTEUR
CHEZ POCKET

L'AIR DE RIEN
JE VEUX ÊTRE FUTILE À LA FRANCE
JE RIGOLERAIS QU'IL PLEUVE

FRANÇOIS MOREL

JE RIGOLERAIS QU'IL PLEUVE

chroniques 2013-2015

Préface de Yolande Moreau

DENOËL/FRANCE INTER

Pocket, une marque d'Univers Poche,
est un éditeur qui s'engage pour la préservation
de son environnement et qui utilise du papier fabriqué
à partir de bois provenant de forêts gérées
de manière responsable.

ISBN : 978-2-266-26881-3

*À Sophia Aram, Olivier Broche,
Patrick Cohen, Natalie Dessay,
Juliette, Guy Mignault, Alain Pralon,
Olivier Saladin, qui m'ont de temps
en temps donné la réplique au
cours de ces deux années, et à
Antoine Sahler, qui m'a parfois
accompagné musicalement*

Ma dialyse, mon bol d'air Jacquier

par Yolande Moreau

Il y a bien longtemps que le vendredi n'est plus pour moi le jour où je mange du poisson !…

Le vendredi, c'est le jour où je branche mon réveil pour ne pas louper les chroniques de François sur France Inter…

Un rendez-vous hebdomadaire, véritable, voire indispensable bouffée d'oxygène, ma dialyse, mon bol d'air Jacquier à moi !…

Pendant quelques minutes, François nous réconcilie avec la réalité qui nous entoure, il met du baume sur notre « mal au monde »…

Que ce soit l'hommage à un inconnu qui chaque vendredi après-midi, perché sur le pont d'Asnières, déploie une pancarte pour les automobilistes « Bon week-end à tous ! », une ode à Fabrice Luchini, le parcours électoral de son père, la fête du slip ou le parapluie d'Angela Merkel, François Morel s'autorise tous les sujets !

Il malaxe les mots, les tord, les entrechoque, redessine

les contours, déplace les projecteurs pour une mise en lumière inattendue…

La réalité prend tout à coup une autre forme…

Cinglante, incisive, poétique, absurde, parfois pleine de larmes quand frappe l'indicible (sa lettre à Patrick Pelloux), mais aussi surréaliste, politique…

Politique au sens le plus noble du terme car il met l'humain, nous, au centre…

Et on rit de nous-mêmes, on est émus de tant de proximité et on pleure sur les pauvres cons de nous-mêmes et, bien sûr et surtout, sur les autres cons aussi, « les imbéciles heureux qui sont nés quelque part… ».

François incarne la revanche des petits sur les grands, l'échec de la connerie face à l'intelligence ludique, la légèreté en tout état de cause…

Ah, mon bon François !!

Du temps a passé depuis notre première rencontre…

Lapin chasseur, *Les Pieds dans l'eau*, *C'est magnifique*… Les Deschiens… Déjà tu nous bluffais par tes reparties…

Mais que de rigolades ! que de jeux imbéciles ! Les bagarres à la farine pendant les saluts de *C'est magnifique*, ou, pendant les saluts de *Lapin chasseur*, quand je devais retenir ma jupe (élastiquée à la taille) parce que tu tirais dessus ! Des blagues de gamin…

Tu as vieilli.

T'es toujours beau, j'aime bien tes petits cheveux gris à la tempe…

Et l'enfant que tu as été n'est jamais très loin…

Je ferme les yeux… Je t'imagine, sautillant dans un champ de colza à Saint-Georges-les Groseillers sur un air de Charles Trenet.

Il y a de la farce dans l'air !
C'est joyeux, c'est triste !...
Tu es un grand poète de notre temps !

Y. M.

P.-S. : J'allais oublier... C'est tellement drôle... !

Lettre à M. Poutine

6 septembre 2013

Monsieur le président de la Fédération de Russie, cher monsieur Poutine,

Je profite de ma chronique hebdomadaire pour vous écrire une petite lettre que vous lirez peut-être si vous avez le temps, comme on dit depuis Boris Vian. Il s'agit simplement d'un banal petit courrier de dénonciation comme vous devez en recevoir tant et qui j'espère saura agrémenter votre petit déjeuner. J'aurais naturellement préféré que ce courrier restât anonyme mais si je ne le revendique pas, je ne risque pas de pouvoir prétendre au cachet que Radio France m'octroie. (Et c'est pas tout ça, mais j'ai des frais.)

Vous avez promulgué récemment une loi afin d'interdire toute propagande homosexuelle qu'il ne m'appartient pas de juger.

Je voudrais simplement attirer votre attention sur les agissements d'un citoyen notamment russe que vous semblez prendre plaisir à fréquenter et qui, j'ai le regret de vous le dire, n'est peut-être pas blanc-bleu. Oui, je veux parler de M. Depardieu, qui, je le crains, n'est peut-être pas loin de se moquer de vous en vous faisant croire qu'il est votre ami. Ce personnage présente des tendances douteuses dont il faudrait vous méfier. Dans son livre *Lettres volées*, il écrivait à un autre acteur, Patrick Dewaere, des paroles embarrassantes que je me permets cependant de vous lire dans le simple but de vous informer. « Des moments de paix, d'abandon, nous en avons eu ensemble, Patrick. Un vrai repos des guerriers. Avec toi, j'aurais aimé avoir une aventure. L'homosexualité, c'est sans doute plus subtil que ce qu'on en dit. Je sais seulement qu'il existe des moments. Ils peuvent se produire avec une femme, un homme, un animal, une bouteille de vin. Ce sont des états de grâce partagés. »

« Des états de grâce partagés ! », voilà ce qu'ose écrire cet individu qui depuis des mois vous fait du rentre-dedans.

Méfiez-vous, monsieur Poutine !

Car Gérard Depardieu ne s'est pas contenté de jouer Raspoutine, il a joué les fiottes ! Imaginez l'influence que sa filmographie pourrait avoir sur les jeunes Russes. L'avez-vous vu dans *Tenue de soirée* s'adresser à Michel Blanc ? Quelle honte ! Quelle abjection ! « C'est ta bouche qui m'inspire. Ta bouche et puis ton cœur. Je vais le cambrioler, ton cœur. Ton cœur et puis tout le reste. Je vais m'introduire et tout piquer. »

Voilà ce qu'on entend dans ce film abominable. Et j'ai préféré ne pas citer les répliques les plus scabreuses, car il existe encore des enfants adeptes de l'école buissonnière branchés sur France Inter.

Un jour, Gérard vous dira : « Regarde-toi dans mes yeux, tu vas te trouver sublime. »

Monsieur Poutine, votre façon de vous coiffer vous

donne quelquefois de faux airs de Michel Blanc, en plus brutal, en plus barbare. Restez sur vos gardes, vous pourriez ne pas laisser indifférent le grand Bob de *Tenue de soirée*. Un soir de vodka et de mélancolie, il vous décrira son anatomie. « J'ai un tatouage à plusieurs dimensions, un tatouage qui se déplie. Quand il roupille, c'est une grenade. Quand il se réveille, c'est une torpille, ça t'intéresserait de le voir ? »

Je vous prie de ne pas oublier, monsieur le président de la Fédération de Russie, que je vous aurai prévenu.

Qui au Panthéon ?

13 septembre 2013

Qui au Panthéon ? Un mort pour réunir les vivants. Un expiré pour insuffler du présent. Un refroidi pour réchauffer l'humanité. Un feu pour ranimer la flamme. Un bon défunt pour assembler les citoyens. Un mort, bien choisi, bien poli, c'est du ciment. Ça amalgame le lien social. Un bon cadavre, pour réunir la famille, on fait pas mieux.

Mais qui ? Un mort illustre. Un mort glorieux. Un mort célèbre. Dans les cimetières, c'est pas ce qui manque. Y a qu'à se baisser.

Qui au Panthéon ? Un mort qui mette tout le monde d'accord. Faut réfléchir. On va trouver. Un mort qui soit incontestable, et imparable, indiscutable, indubitable. Ouvre un glossaire, abécédaire. Un dictionnaire, c'est un ossuaire. On va trouver. Pas s'énerver.

Qui au Panthéon ? Une dépouille populaire. Un trépassé mais renommé. Un genre de mortel immortel. Donc pas trop vieux. Pour les canards, pour la télé, faut pas du mort trop oublié, trop effacé, trop négligé. Faut un vécu de démocrate mais qui puisse faire de l'audimat. Faut pas non plus du mort trop jeune. Qui soit fringant. Ou trop pimpant. Faut pas du mort qui soit trop frais. Du mort qui viendrait d'être fait. Encore tout beau. Encore tout chaud. Faut pas du mort qui bande encore.

Qui au Panthéon ? Entre ici, Brossolette. Mais y a Moulin qui fait la tête. Les morts entre eux, c'est pointilleux.

Qui au Panthéon ? Je te dis des noms ? Mendès ? Diderot ? Berlioz ? Hessel ? Pas trop marqué. Faut se méfier. Puis respecter la parité.

Germaine Tillion au Panthéon ? Olympe de Gouges ? Ou Louise Michel ? Pas trop marqué ! Faut respecter les sensibilités.

Et consulter les opinions. Faire des sondages. Consultation. La Panthéon Academy. Un hit-parade. Un palmarès. Tu peux aussi participer. Sur ton clavier, tu peux taper.

Qui va gagner ? Tu peux jouer. Participe au Panthéonthon ! L'abbé Pierre ? Le commandant Cousteau ? Simone Veil ? Yannick Noah ? Omar Sy ?

Faut pas de vivants, je te fais remarquer ! Faut que du flingué ! Du rectifié ! C'est compliqué…

Qui au Panthéon ? Quel grand homme ? Quel surhomme ? Camus, il veut rester chez lui. Et George Sand rester chez elle. « Vous êtes gentil, je suis à Nohant, je reste ici, c'est plus reposant. » Quand on est mort, faut bien avouer, on a du mal à se déplacer.

Qui au Panthéon ?

Si on n'arrive pas à se mettre d'accord sur un mort qui serait un cador, on a qu'à mettre au Panthéon les moins glorieux, les dangereux, les pernicieux. Envoyons un voyou. Envoyons un vandale. Envoyons un marlou. Envoyons la crapule, la canaille, la racaille.

Envoyons la vermine. Petiot ? Landru ? Bonnot ? Un anti-Panthéon. Mais je m'égare. C'est un cauchemar.

Qui au Panthéon ?

Réfléchissons. Examinons. Oui, cogitons.

Pas s'énerver. On va trouver. On va trouver…

Le loup avance

20 septembre 2013

Le loup avance. Le loup progresse.

Il y a aujourd'hui 250 à 300 loups en France. Son taux de reproduction est de 2,3 louveteaux par an. Et certains moutons s'interrogent. Vaut-il mieux choisir l'homme ou le loup ?

Choisissons le moins sectaire, préconisent certains.

Qu'est-ce qu'un loup moins sectaire ? s'interrogent les moutons.

Un loup au pelage lissé ? Un loup à la mâchoire fermée ? Un loup qui nous dévore mais avec des manières ? Un loup qui nous massacre mais avec des façons ?

Qui sont les loups ? Qui, les moutons ? Qui sont les hommes ?

Qui a décidé de se jeter dans la gueule du loup ?

Le loup progresse. Le loup avance.

C'est un animal sauvage mais qui s'adapte. On l'a vu dans l'Aube. On l'a vu en Haute-Ariège. Dans les Vosges, les Alpes-Maritimes, dans les Alpes-de-Haute-Provence, il avance, il avance, c'est une évidence. Il remonte jusqu'à la Haute-Marne. À moins de quatre cents mètres de la mairie, on l'a vu. Si on n'y prend garde, le loup sera le prochain maire. Tout près de l'école primaire, on l'a vu. Car, attention, le loup ne sert plus seulement à faire peur aux enfants. Il est sorti des contes, il s'est échappé des fables et des comptines. Il est à nos portes.

Le loup chemine. Le loup gagne du terrain. Il approche des villages et il approche des villes. Il n'est plus confiné dans les régions montagneuses les plus reculées. Il poursuit sa marche. À Cirfontaines-en-Ornois, à Nully-Trémilly, il a fait des dégâts.

Le loup poursuit sa route. Il descend de la montagne en hurlant. Il approche des plaines. Il entre dans la vallée.

La chèvre de M. Seguin s'ennuie dans sa démocratie. M. Seguin est trop vieux pour lui faire entendre raison. Mais Blanquette n'a plus besoin de s'évader. C'est le loup qui apparaît par la fenêtre ouverte. Il va lui faire sa fête. M. Seguin n'a jamais eu de chance avec ses chèvres.

Grand-mère s'inquiète pour l'avenir de son Petit Chaperon rouge qui doit seule traverser la forêt. Grand-mère est angoissée. Grand-mère a besoin d'être rassurée. Alors, elle couche avec le loup.

Le loup s'installe. Le loup s'implante. On lui fait les yeux doux. On lui fait des œillades. On l'imite. On le flatte. On se fait justice soi-même. On acquiesce. On comprend. On admet. On crie avec les loups. Le fait divers fait office de dialectique. À chaque chien écrasé, le loup marque des points.

Le loup avance. Le loup progresse. Le loup chemine. Le loup approche. Le loup débarque. Le loup arrive. Le loup est là.

Cessez de rire, charmante Elvire. Les loups sont entrés dans les esprits.

Quand j'étais petit…

4 octobre 2013

Quand j'étais petit, je n'étais pas grand.

Chaque mois de novembre, j'allais avec ma classe devant le monument aux morts. Des vieillards, souvent moustachus, avaient la larme à l'œil en tenant leurs drapeaux. On devait chanter *La Marseillaise*. On ne comprenait pas bien comment un chant guerrier pouvait faire plaisir à des vieux messieurs dont on nous avait dit qu'ils s'étaient battus pour la paix. Sur le chemin des écoliers, nous préférions la variante de l'hymne national qui commençait par : « Aux armes, citoyens, baissez vos pantalons ! Baisons, baisons ! » Mais devant le monument aux morts, on chantait la bonne version. On était obligé. Parfois, à cause des nerfs, à cause des végétations, à cause de Gérard Bosquin qui émettait un pet chaque fois qu'était prononcé « Mort pour la France », on avait des fous rires et le maître d'école se fâchait, menaçait de déchirer nos bons points.

Sur le monument, on pouvait lire des noms de personnes qu'on ne connaissait pas. Par dizaines. Des noms accompagnés de prénoms qui nous faisaient rigoler tellement ils nous semblaient passés de mode, ridicules. Auguste. Augustin. Victor. Victorien. Ferdinand. Fernand. Valentin. Marcellin. Hector. Tous ces petits noms vieux jeu qu'on a fini par trouver modernes dès qu'on a eu l'idée de les donner à nos enfants.

Quand j'étais petit, je n'étais pas grand. Je ne savais pas que les vieux messieurs avaient été de jeunes hommes dont le cœur battait pour une Madeleine, pour une Marie, pour une Marguerite, pour une Suzanne, pour une Charlotte, pour un Pierre.

Quand j'étais petit, je n'étais pas grand. Les anciens combattants quand nous gloussions nous regardaient d'un œil mauvais humecté de larmes et de reproches et peut-être d'un sentiment d'abandon.

Quand j'étais petit, je n'étais pas grand, j'étais un ignorant. Je ne savais pas que c'était le soleil, le printemps, la jeunesse qu'on tentait de célébrer sous la pluie de novembre. La foi dans l'avenir, l'espérance de tous ces hommes, jeunes, ardents, fougueux, qui un jour avaient eu la vie devant eux et qui s'est terminée dans la souffrance, la boue, l'enfer.

« Plus jamais ça », diront tous les maires de France devant les monuments aux morts. « Plus jamais ça », diront-ils l'année prochaine pour commémorer le premier siècle de la Grande Guerre.

Mais que vont devenir les Auguste, Augustin, Victor, Victorien, Ferdinand, Fernand, Valentin, Marcellin d'aujourd'hui ? Quels projets pourront-ils partager avec Madeleine, avec Marie, Marguerite, Charlotte, Pierre ?

Entre petits boulots et Pôle emploi, entre émissions idiotes et promotions sur les perceuses électriques chez Bricorama tous les dimanches à la Patte-d'Oie d'Herblay, bringuebalés, humiliés, méprisés, ballottés, baladés.

Qui sont aujourd'hui les nouvelles gueules cassées ? Où sont les champs d'honneur ? Qui sont les nouveaux condamnés ? Les nouveaux sacrifiés ? Et combien de clandestins, de naufragés, d'enfants torturés ?

Dites, monsieur, entre deux guerres, est-ce bien la paix ?

Ceci n'est pas une chronique

8 octobre 2013

Je voudrais profiter de ma présence inhabituelle en ce studio un mardi matin pour mettre certaines choses au point et préciser quelques positions d'importance parce que je pense, monsieur Cohen, que vos auditeurs ont le droit d'être informés et, surtout, ont le droit d'entendre une parole autre que celle du politiquement correct qui, je n'hésite pas à le dire, est une gangrène insupportable dont il faudrait se débarrasser un jour ou l'autre.

Je suis très heureux par ailleurs que M. Delanoë soit présent ce matin en ce studio, ce qui va me permettre de le remettre à sa place.

Quitte à surprendre, quitte à étonner, je voudrais vous dire que, contrairement à vos assertions sans cesse répétées, Paris n'est sûrement pas la capitale de la France, monsieur Delanoë. Les Champs-Élysées ne se situent en aucune manière sur le territoire parisien, la Seine n'a jamais traversé l'ancienne Lutèce et vous, monsieur Delanoë, vous n'êtes pas maire de Paris.

Puisque je bénéficie d'un petit temps de parole ce matin, je voudrais également que l'on arrête de dire que la France est située en Europe et je voudrais que l'on cesse de dire que l'Europe est un continent.

J'en ai moi-même un petit peu assez que l'on continue de déclarer que je suis chroniqueur à France Inter alors que je suis..., et je peux vous en apporter les preuves, monsieur Apathie, je suis danseuse légère à L'Alcazar depuis de nombreuses années. Et je peux vous dire que j'ai fait tourner pas mal de têtes en quarante années de carrière et j'ajouterai que mon déhanché en a fait transpirer plus d'un, que mon effeuillage en a fait baver plus d'une, et je compléterai ma déclaration en précisant que je suis en mesure de reconnaître dans ce studio certains de mes admirateurs les plus insistants, n'est-ce pas, monsieur Legrand, qui auraient payé cher pour qu'un soir de stupre et de libations je leur donne mon 06.

Alors, je vous le dis tout net, monsieur Bourdin, je n'hésiterai pas à poursuivre en justice quiconque assimilerait mon papier à une chronique. J'en ai assez que le terme péjoratif de « chroniqueur » me soit affublé sans cesse par des journalistes qui font une faute déontologique, un acte de militantisme et une bavure intellectuelle. Non, je ne suis pas un chroniqueur, monsieur Delahousse, certainement pas ! Et vous comprendrez, monsieur Pujadas, que je n'ai en aucune manière l'envie que l'on me mette dans le même sac que Roselyne Bachelot et cela, car je comprends bien votre petit manège, dans le seul but de me nuire.

Je ne conclurai pas mon papier. Je ne terminerai pas mon allocution, ne vous déplaise, madame Chazal, car de même que le Front national n'est pas un parti d'extrême droite, ceci n'est pas une chronique. Dites le contraire, je vous fous un procès au cul. Au revoir, messieurs.

Pas de H mais 2 C

18 octobre 2013

Natalie, depuis que je sais que vous êtes l'invitée de la matinale, figurez-vous que je me mets l'organe lymphoïde secondaire dans un liquide aromatisé et épicé que je porte à ébullition. Exactement, je me mets la rate au court-bouillon. Je m'interroge : que dire sur Natalie ? Je pourrais bien sûr faire remarquer en introduction qu'il n'y a pas de *h* dans votre prénom, Natalie, alors qu'il y a Dessay à votre nom. Ce qui serait tout à fait amusant mais insuffisant pour occuper trois minutes trente d'antenne.

Alors, tout à coup, une idée survient. Celle que l'on n'attend pas. Celle qui surgit, indomptable et salvatrice. Et si nous faisions un duo ! Je me doute bien, chère Natalie, que vous avez toujours rêvé de m'avoir pour partenaire et puis que votre timidité, votre humilité, votre retenue vous ont toujours empêchée de saisir votre portable comme on saisit sa chance et de me dire : « François, j'aimerais tellement faire un duo avec vous, ce serait un tel honneur, une telle consécration, comme l'acmé de ma carrière juvénile, j'aimerais être votre Stone, vous seriez mon Charden, j'aimerais être votre Sloane, vous seriez mon Peter, je serai ton Chouchou, tu seras mon Loulou... »

Aussitôt, je vous interromprais, je vous dirais : « Vous voulez dire, chère Natalie, que je serai votre Di Stefano quand vous serez ma Callas. Soignez vos références, mon petit, vous êtes gentille, nous sommes sur France Inter. »

Eh bien, vous avez eu tort de ne pas faire preuve de courage en me sollicitant car je n'aurais jamais refusé de partager mon aura avec vous. Comme jamais je n'ai refusé de donner un petit coup de pouce à des artistes en devenir, à des jeunes oisillons encore dans le nid mais dont le talent ne demande qu'à éclore.

Ce n'est bien sûr pas à la chanteuse d'opéra que je m'adresse (je sais que vous avez réussi à vous faire un petit nom dans le bel canto) mais à la comédienne en devenir qui peut-être un jour, à force de courage, d'abnégation, de volonté, réussira à obtenir un petit rôle dans *Plus belle la vie*, voire dans une publicité pour les mutuelles.

Natalie, en pensant à vous, je me suis dit : Dans le fond, cette femme, si on cherchait à la définir, elle est un peu – je cherche les mots – comme le vent qui fait chanter les violons et emporte au loin le parfum des roses. On ne vous l'a jamais dit ?

Ce matin, pour moi, Natalie, vous êtes Alain Delon. Oui, le Alain Delon d'avant, celui qui n'était pas encore le brillant analyste politique qu'il est devenu et dont la subtilité rejoint dans ses méandres les plus profonds la pensée dialectique d'un Jean Roucas.

Ce matin, pour vous, Natalie, je serai simplement un fantasme, une bombe, une étoile inaccessible, une divine chimère, un violent mirage, une céleste utopie. Pour vous, Natalie, je laisserai pousser mes blonds cheveux jusqu'au sol. Pour vous, Natalie, j'aurai le regard énigmatique. Oui, pour toi, Nat', je serai Dalida.

DELONDESSAY

C'est étrange,
je n'sais pas ce qui m'arrive ce soir,
je te regarde comme pour la première fois.

DALIDAMOREL

Encore des mots toujours des mots
les mêmes mots...

(...)

Si par hasard vous connaissez Raymonde[1], mon professeur de chant, appelez-la pour lui dire que ce matin Natalie Dessay et François Morel ont fait un duo sur France Inter. Elle ne va pas en revenir.

1. Raymonde Viret.

La chèvre est mécontente, le chou fait la gueule

25 octobre 2013

La semaine dernière au micro de France Inter, devant Natalie Dessay, je chantais *Paroles, Paroles*. Une chanson de dépit amoureux peut-être mais une chanson d'amour. Trois jours après, on apprenait la disparition du compositeur de la chanson, Gianni Ferrio. Je regrette que mon interprétation sans doute imparfaite, sans doute approximative, ait pu avoir des conséquences aussi dramatiques. Aujourd'hui, j'ai donc décidé de ne pas chanter, de ne pas parler d'amour (et je vous fous mon poing sur la gueule) car j'ai choisi de vous entretenir des affaires publiques. Encore que ce sujet me rende un peu mélancolique.

Il est vrai que, parfois, la vie politique peut sembler décevante. Mais quand une promesse de campagne est tenue au-delà de ce qu'on pouvait imaginer, il est juste de la signaler. Le précédent chef de l'État avait souvent une approche clivante de la société française. On ne manquait pas de le lui reprocher. Il opposait les fonctionnaires aux employés du privé, les jeunes aux vieux, les riches aux pauvres, les chômeurs à ceux qui avaient un emploi, les imposés aux non-imposés, les lève-tôt aux couche-tard. Pendant la présidentielle, François Hollande avait promis de rassembler. Il a réussi. Aujourd'hui, tout le monde est rassemblé contre lui. Difficile aujourd'hui de trouver même au Parti socialiste un soutien à François Hollande. Il était pourtant le président de la chèvre et du chou. Contre la finance mais pour les financiers. Pour l'esprit d'entreprise mais contre les entrepreneurs. Contre la pression fiscale mais pour l'augmentation des impôts. Contre les expulsions des étrangers mais pour les reconduites à la frontière. Pour que Leonarda revienne en France mais contre le retour de ses frères et sœurs. Ou pour le retour de sa petite sœur mais pas de son frère aîné. Ou de sa mère mais pas de son père. Ou de sa belle-sœur mais pas de sa cousine issue de germains.

Normalement, avec une politique pareille, tout le monde devrait voter PS aux prochaines municipales. Il y a forcément quelque chose, soit dans le discours, soit dans les faits, qui devrait contenter l'électeur. Eh bien, non, la chèvre est mécontente, le chou fait la gueule. Les deux trouvent le pouvoir flou, imprécis, vaporeux.

Les plus naïfs encore, ce sont les Américains. Ils pensaient qu'en mettant la France sur écoutes, ils comprendraient la politique française. Impossible. Elle est inaudible. Soixante-dix millions de communications téléphoniques interceptées en un mois ne suffiront pas à vous faire comprendre comment les écologistes restent au gouvernement tout en appelant les lycéens à manifester dans les rues. Appeler un jeune de seize ou dix-sept ans à manifester dans la rue, quand on est adulte et responsable politique, c'est quand même le degré en dessous de zéro de la politique, non ?

Quand on est grand et responsable, on l'organise la manif. On n'est pas sérieux quand on a dix-sept ans mais qu'est-ce qu'on peut être confus, inconséquent, confondant de bêtise, Jean-Vincent Placé, quand on a quarante-cinq ans.

L'Amérique peut bien espionner la France tant qu'elle veut, elle reste un mystère insondable, un secret bien gardé.

François Hollande aurait dû prendre comme conseiller occulte feu Émile Louis qui, tandis qu'on lui reprochait ces divers attouchements, sévices, viols, meurtres, assassinats qui rencontraient parfois une certaine réprobation autour de lui, répondait : « Qu'est-ce que vous voulez ? On ne peut pas plaire à tout le monde. »

La question évidemment aujourd'hui est plutôt : « Peut-on continuer longtemps à déplaire à tout le monde ? »

C'est pour qui la banane[1] ?

1er novembre 2013

Qu'est-ce que tu vas faire de ta vie, petite conne ? Je m'interroge. Déjà si jeune et déjà percluse de ressentiments, de rancœurs, de violence larvée, de médiocrité, de bêtise.

Qu'est-ce que tu vas faire de ta vie ? Quel avenir nous promets-tu ?

Oui, petite conne, dans quel marigot insalubre, dans quel bourbier pernicieux, dans quel marécage de pensée rance et écœurante vas-tu te mouvoir le reste de ta vie, toi qui au compteur de ton existence marques à peine dix ans, toi qui, vendredi dernier, te croyant amusante, te croyant pénétrante, imbécile te croyant indocile, devant le palais de justice d'Angers, as hurlé, une peau de banane à la main : « C'est pour qui la banane ? C'est pour la guenon ! »

---

1. Fin octobre 2013, Christiane Taubira, garde des Sceaux, était en déplacement à Angers. Des représentants de la Manif pour tous l'accueillaient ce jour-là. Une fillette, une banane à la main, hurlait : « C'est pour qui la banane ? C'est pour la guenon ! »

Chronique écrite sous le coup de la colère. Mauvaise conseillère ?

Te rendras-tu compte un jour, pauvre petite idiote, de l'ignominie de ton geste, de la honte de tes paroles, de l'indignité de ta pauvre attitude ? Sais-tu la désolation que ressentiraient, en te voyant, incrédules et atterrés, tous ceux qui un jour se sont battus pour que sur les frontons de la mairie, de l'école publique que sans doute tu as tort de ne pas fréquenter, on puisse écrire ces mots si simples qui sont pourtant un programme, un objectif, un idéal : « Liberté, égalité, fraternité. »

Au lieu de hurler, comme une pauvre petite conne que tu es, ouvre un livre, renseigne-toi. Victor Schœlcher est un homme politique du XIXe siècle. Il s'est battu pour l'abolition de l'esclavage. Je te promets que son nom restera peut-être encore plus longtemps dans l'histoire de France que celui de Christine Boutin. Je te jure ! Ça devrait t'ouvrir des perspectives, ce que je te raconte, non ? Je te confirme que le nom de Victor Schœlcher longtemps encore sera comme un symbole du courage, de l'engagement, même quand celui pourtant si affriolant de Frigide Barjot sera oublié.

Je répète : Victor Schœlcher. S C H O E collé L C H E R. Non, tu n'en as jamais entendu parler. Tes parents semblent avoir une éducation sélective. Ils t'apprennent à insulter la ministre de la Justice, sous le prétexte qu'elle est noire, mais tu sembles avoir des lacunes et tu ignores tout de ceux qui sont l'honneur de la France.

Je sais bien, pauvre petite idiote, que tu sais à peine de quoi tu parles. Je ne devrais pas m'énerver contre toi.

Bien sûr, ce sont tes parents les responsables et les coupables. Mais tu sais que tu as le droit de te révolter, de ne pas être d'accord avec eux. La prochaine fois qu'ils iront manifester, reste chez toi ou va à la piscine. Fais du poney, fais tes devoirs, ouvre un livre, même, si tu veux, le dernier *Astérix* qui est très drôle, plonge-toi dans *Les Contes bleus du chat perché* de Marcel Aymé, suis les aventures de *Delphine et Marinette*, ça vient de ressortir chez Gallimard, et tu auras une petite idée de ce que c'est l'imagination, l'humour, la poésie.

Et puis, à 4 heures, mange une banane. La banane est un fruit très énergétique et très riche en potassium. Elle est facile à digérer, elle est riche en calcium, en vitamines A, B et C. C'est bien que tu en manges régulièrement.

C'est pour qui la banane ?

C'est pour toi, pauvre petite conne. Pour que tu grandisses.

La nostalgie des groupuscules

8 novembre 2013

Qu'est-ce qui se passe avec le parti de Marine Le Pen ? Je suis inquiet.

On nous dit, tous les jours, matin, midi et soir, à chaque instant, dans tous les journaux, dans toutes les manchettes, que le Front national va faire un gros score aux prochaines municipales.

D'accord mais avec quels candidats ? C'est le problème.

Jusque-là, c'était simple.

On a eu le grand-père qui nous a amusés pendant des années avec ses jeux de mots facétieux. C'était l'almanach Wehrmacht.

On a la fille, dite l'héritière de Saint-Cloud, qui se fait passer pour une amie des pauvres.

On a aussi la petite-fille, la fameuse vulgarisatrice de la méthode Cauet. Le problème, évidemment, pour quadriller toute la France, si on veut être un parti politique un peu sérieux, on doit chercher en dehors des Le Pen. Des pièces rapportées. Des étrangers en quelque sorte.

Avant, c'était simple, il y avait les cohortes de pétainistes nostalgiques et les escadrons des anciens de l'Algérie française. Mais aujourd'hui ils ne sont plus montrables. Ils sentent le vieux. Trop. Même les sympathisants frontistes s'en rendent compte. Même pour eux qui ne sont pas spécialement sensibles aux effluves nauséeux, c'est limite indisposant.

Alors, on se rabat sur du plus jeune qui pourrait passer à la télé.

Par exemple, une Française d'origine algérienne Front national, ça c'est bien. Ça cloue le bec à ceux qui disent que le parti de Marine est raciste.

C'est ça qui est bien dans l'existence, c'est qu'on n'est jamais à l'abri des choses les plus étonnantes. Des homosexuels ont défilé contre le mariage pour tous, des oies d'élevage ont fait des cortèges pour la défense de la filière foie gras dans le Sud-Ouest, et des taureaux ont manifesté dans le but de faire inscrire la corrida au patrimoine culturel immatériel de l'Unesco.

Donc, à Saint-Alban, en Haute-Garonne, on avait trouvé une perle rare, une Française mais d'origine algérienne Front national. Elle s'appelait Nadia Djelida. Heureusement, elle s'est mariée à un Thierry Portheault. On lui a dit assez vite : « Tu es gentille, tu mets Portheault sur les affiches. Pas Djelida. » Elle a été surprise.

Et puis après elle a participé à des réunions et elle soutient qu'elle aurait entendu des propos racistes. « Toi et tes enfants, vous êtes bons pour le four », lui aurait dit un militant. On aurait évoqué la croix gammée avec affection. Et là, elle se serait rendu compte qu'il y aurait des racistes au Front national. Elle est tombée de haut. Elle ne pouvait pas s'imaginer une chose pareille. Peut-être qu'elle n'avait pas lu le programme.

Un qui l'avait lu le programme, c'est Joris Hanser. Un peu dans l'esprit du président du FN, il avait fait de l'humour sur l'occupation nazie. Paf, viré !

André Kornmann, le candidat FN à Strasbourg, prônait l'usage des chiens d'attaque contre les délinquants. Il a été critiqué en interne et il a démissionné. Et on se dit quand même : Nadia Djelida, Joris Hanser, André Kornmann, ça devient un vrai repaire de macaques le Front national, on dirait…

Anne-Sophie Leclère, virée aussi, alors qu'elle avait juste comparé Mme Taubira à un singe, comme n'importe quelle petite Angevine innocente et inoffensive à qui il faut juste faire les gros yeux ainsi que me le suggèrent quelques pédopsychiatres qui ont du mal à comprendre que leur profession n'est pas du tout la mienne et quelques laborieuses institutrices qui font la leçon en dehors du temps scolaire.

Bon, bonne chance au FN pour trouver des candidats pas racistes mais pas antiracistes non plus. Ça devient difficile d'être un parti reconnu. Certains là-bas doivent avoir la nostalgie des groupuscules…

À une petite fille sensible, espiègle, artiste dans l'âme

15 novembre 2013

Je te présente mes excuses. Accepte-les, s'il te plaît. Je suis allé loin en te traitant de petite conne à plusieurs reprises, lors de ma chronique, il y a deux semaines. Mais toi aussi, avoue que tu étais allée très loin, en brandissant une banane devant le palais de justice d'Angers.

Mais tu as onze ans et j'en ai cinquante-quatre. Il n'y a donc aucune raison que je t'insulte. Tu es une enfant et je suis un adulte.

Lorsque je me suis adressé à toi, vois-tu, j'avais presque oublié que tu existais vraiment. Tu étais une abstraction. Comme un emblème. Un emblème du racisme, du rejet de l'autre et, excuse-moi, de la connerie. Aucune personne à elle seule ne peut être l'emblème de la connerie, ni toi, ni moi, ni personne. Nous avons, j'imagine, toi et moi, des instants où nous sommes inspirés, intelligents, tendres, ouverts, amicaux, respectueux, drôles, et puis des moments où nous sommes plus lourds, plus bêtes sans doute, enfermés dans des *a priori*, des dogmes paralysants.

Samedi dernier, j'ai lu *Le Courrier de l'Ouest*. Ton père te défend parce qu'il a raison de te défendre et t'aime parce qu'il a raison de t'aimer. Il te présente comme « une petite fille espiègle, sensible, artiste dans l'âme ». Je suis sûr qu'il a raison, mais admets à ton tour que ma chronique était l'expression de ma colère et qu'il y avait de sérieuses raisons de se mettre en colère.

Tu étais donc venue à une manifestation contre Mme Taubira et le mariage pour tous, admettons, par hasard, avec une banane à la main.

« Il n'y avait aucune agressivité, précise ton père. Elle a dit la guenon, comme elle aurait dit la girafe », poursuit ton père qui peine un peu à développer son argumentation. Mais admettons. Monsieur, si vous voulez vraiment protéger votre enfant, comme vous dites vouloir le faire, ne l'entraînez pas dans votre militantisme qui est également une histoire d'adulte.

Certains crétins ont dû penser qu'en dénonçant ton attitude, je me mettais du côté du manche, que je défendais à bon compte une femme de gauche. Je ne connais pas la garde des Sceaux mais je me doute qu'elle n'a pas besoin de moi pour se défendre. Elle a la distance, la culture, la maturité intellectuelle.

Mais je pense à une autre petite fille que je ne connais pas non plus mais qui a onze ans comme toi. Comme toi, elle va à l'école. Elle a des activités le mercredi après-midi. Elle a des amis, des copains. Elle a un papa qui est né à Brazzaville ou à Kinshasa, une maman qui est née à Libreville ou à Bamako. Elle a la peau noire. Un soir, il y a peu, à la télévision, elle a entendu qu'une femme était assimilée à une guenon.

Juste parce qu'elle était noire. Peut-être qu'elle s'est dit, petite fille de onze ans, qu'elle n'aurait jamais sa place ici, parce que même après des années et des années de travail, d'amour, de rencontres, de vie, il se trouvera toujours sur son chemin quelqu'un pour lui brandir une banane, par hasard. La traiter de guenon. Oui, je sais, comme on aurait dit girafe.

Pardonne ma gravité. Ce n'était pas seulement une sottise de gamine, une grosse bêtise de cour de récréation. C'était dire à une petite fille de onze ans, que tu ne connais pas, que je ne connais pas, qu'elle n'aura jamais sa place ici.

Pardonne-moi. J'étais en colère. Je n'aurais pas dû t'insulter il y a quinze jours. Mais essaie toi-même de ne pas accepter de te faire manipuler par qui que ce soit.

Pardonne-moi. Je retire mes insultes inappropriées. Sois heureuse, libre et fraternelle.

C'est ce que je voulais te dire, il y a quinze jours.

Oskar et la jeune fille en noir

22 novembre 2013

C'est une jeune fille. Une adolescente. Appelons-la Julie. Elle est au lycée. Elle est jolie. Elle est intelligente. Elle est toujours habillée de noir, couleur du deuil qu'elle n'a jamais connu. Il lui arrive de faire des petits boulots pour payer ses concerts, ses clopes et ses séances de ciné. Récemment, elle a trouvé un job original mais qui se développe. Elle fait du dog-sitting. Elle s'occupe des chiens qui ont besoin d'être gardés pendant les vacances de leurs maîtres.

C'est un vieux chien. Un épagneul. Appelons-le Oskar. Il est fidèle. Il est obéissant. Il est intelligent. Il a l'arrière-train qui régulièrement se paralyse et ne peut plus envisager de suivre ses maîtres injoignables, partis faire une grande excursion sur des cimes lointaines.

Julie s'est occupée d'Oskar pendant plusieurs jours. Tout de suite entre Julie et Oskar le courant est passé. Chaque fois qu'il mangeait sa gamelle, Oskar tentait de frétiller de son derrière ankylosé et, chaque fois que Julie agitait la laisse pour lui promettre une courte promenade autour du pâté de maisons, Oskar remuait la queue. Frétiller du derrière et remuer la queue, quels que soient son origine, son caractère, son pedigree, on n'a jamais fait mieux pour exprimer son plaisir. Oskar et Julie filaient donc une parfaite amitié. Oskar dormait beaucoup sur le tapis du salon tandis que Julie sur le canapé buvait des bloody mary, envoyait des sms sur son téléphone portable, regardait distraitement M6 tout en tchatant sur Skyrock-blog et régulièrement répondait d'une voix courroucée à sa mère qui prenait de ses nouvelles : « Maman, s'il te plaît, t'es gentille, arrête de me harceler, je travaille mon exposé d'anglais, OK ? »

Un soir, hélas, Oskar mourut. Dans son sommeil, épuisé mais serein, il partit au paradis des bons chiens. Julie frôla l'idée de l'infini, considéra la fragilité de l'existence et appela sa mère en larmes. « Maman, c'est l'horreur, c'est la catastrophe, il y a Oskar qui vient de mourir, je ne sais pas quoi faire… »

La maman conseilla à Julie d'appeler le vétérinaire qui aussitôt lui dit d'apporter le chien à son cabinet afin de procéder à l'incinération du corps.

Julie enveloppa Oskar dans une couverture, puis déposa le gros paquet dans une grande valise, hélas sans roulettes. Julie, sur son portable, sur son iPad, envoya moult messages à ses amis afin de les prévenir de son infortune puis, digne et courageuse, prit le métro.

C'est un jeune homme. Un jeune adulte. Appelons-le… Ne l'appelons pas, de toute façon, il ne répond jamais quand on l'appelle. Il fréquente Pôle emploi, fait des petits boulots, gagne essentiellement sa vie en revendant un peu de shit à la sortie des lycées.

Quand il a vu Julie dans le métro avec sa grande

valise, il a tout de suite eu envie de la brancher. « Mademoiselle, sans mentir, vous êtes trop jolie. »

Julie fut un peu consternée par cette entrée en matière assez peu subtile, mais elle fut touchée qu'en bas des escaliers du métro il lui propose de l'aider à porter sa valise. « Putain, c'est trop lourd, mais qu'est-ce que tu transportes là-dedans ? »

Julie, qui répugnait à l'idée de répondre : « C'est rien, c'est juste un chien mort », répliqua : « C'est rien, c'est juste un ordinateur portable, une imprimante et un vidéoprojecteur. » Aussitôt le jeune homme, n'écoutant que son honnêteté qui précisément ne lui disait rien, prit ses jambes à son cou, emportant, sans le savoir, le chien mort dans sa sépulture Delsey.

Imaginer simplement la tête du jeune homme, épuisé par sa course métropolitaine puis découvrant dans sa couverture la tête du vieil Oskar, peut agrémenter la douceur des soirées automnales. Voilà. Personnellement, je n'arrive pas à trouver une autre morale à cette légende urbaine que celle-ci : c'est toujours aussi difficile de monter les escaliers du métro avec une valise qu'elle soit ou non à roulettes, surtout quand elle contient un épagneul mort.

P.u.t.e

29 novembre 2013

Un soir, j'étais avec un couple d'amis. Nous allions dîner dans un petit restaurant rue Lepic. Nous garons la voiture un peu plus loin, dans une rue du XVIIIe, là où sur le trottoir stationnait une dame. Le couple d'amis avait une petite fille de sept ans, très intriguée. « Qu'est-ce qu'elle fait, la dame sur le trottoir ? – Bah, répond Michel, le papa, un peu gêné... peut-être qu'elle attend son mari... – Mais pourquoi elle a une jupe si courte ? – Bah, répond Marie-Christine, la maman, un peu embarrassée... sûrement qu'elle a chaud... » L'explication manquait de logique. Nous étions en décembre. La température était basse. Tous autant que nous étions portions des manteaux, des écharpes, des gabardines.

Les parents préférèrent changer rapidement de sujet de conversation, quand la petite fille, doctement, se tournant vers moi, sérieuse comme un évêque, me confia, assez sûre de son analyse pour pouvoir me la faire partager : « Moi, je pense plutôt que c'était une p.u.t.e... »

Bien que ces vaches de bourgeois
Les appellent des filles de joie
C'est pas tous les jours qu'elles rigolent
Paroles paroles
C'est pas tous les jours qu'elles rigolent.

Pour chaque phénomène, pour chaque circonstance, c'est pratique, il y a toujours une chanson de Brassens.

Une loi nouvelle va nous occuper encore les prochaines semaines, le racolage ne sera plus interdit, en revanche le client n'aura plus le droit de répondre à la prostituée qui le racole. Ce qui fera monter encore un peu plus les incivilités. Car, quand on vous adresse la parole, c'est quand même plus poli de répondre.

Les prostituées sont forcément victimes, nous dit-on. Même si elles ne sont pas victimes de leurs proxénètes, elles sont victimes de la situation économique qui les oblige à vendre leur corps. On interdira donc tous les métiers exercés par des gens qui ne le font pas juste pour le plaisir. C'est une bonne nouvelle. Il existe des éboueurs, des ouvriers sur les routes maniant le marteau-piqueur qui ne le font pas uniquement guidés par la passion immodérée de vivre parmi les ordures ou de se casser le dos à casser des routes goudronnées, mais pour vivre, pour survivre. Si tous les métiers pénibles sont interdits par le gouvernement, c'est forcément une bonne nouvelle.

Il y a quelque temps, on a évoqué l'existence d'assistantes sexuelles qui pourraient soulager des malades, des handicapés et faciliter par la même occasion la vie des personnels soignants. Le phallus des malades fera-t-il l'objet d'un passe-droit ?

Depuis que le proxénétisme en France est interdit,

il existe encore, hélas, des prostituées qui restent sous la coupe de proxénètes. Tout le monde est d'accord pour éradiquer l'esclavagisme, le proxénétisme, les réseaux mafieux.

Je dis sans doute des bêtises, par naïveté, par candeur, par méconnaissance, mais si avant d'inventer des lois nouvelles on se contentait déjà d'appliquer les lois existantes ?

Voilà, entre nous, je ne suis pas mécontent d'avoir traité du sujet sans évoquer Élisabeth Lévy et Frédéric Beigbeder.

Ah zut ! Encore raté !

Mademoiselle Inter…

6 décembre 2013

Mademoiselle Inter,

Ma chère France,

Te voici au sommet de la tour Eiffel à l'occasion de ton cinquantième anniversaire, toi qui toi-même culmines au sommet de ta carrière. Oui, car tu as l'âge de la plénitude. Quand on a cinquante ans, on est à son acmé. Alors, je t'en prie, ne te morfonds pas sur ton âge. Ne te languis pas sur ta décrépitude, ne te désespère pas sur ton obsolescence.

Ne sois pas non plus obsédée par la courbe de tes sondages comme une ménagère vieillissante tourmentée par son poids. Sauf que toi, tu aurais peur d'en perdre. L'important, après tout, n'est-il pas de se sentir à l'aise aux entournures ?

Tu as cinquante ans et, je te promets, c'est le plus bel âge de la vie. Tu as cinquante ans et tu es belle, vive, espiègle, drôle, intelligente. Regarde Sophie Davant, elle a cinquante ans comme toi, et elle est pétillante, délicieuse, enjouée.

Regarde Laurent Romejko, il a cinquante ans comme

toi ! Oui, je te jure, Laurent Romejko a cinquante ans comme toi ! Et jamais encore il n'a subi de désamiantage ! Laurent Romejko a cinquante ans comme toi, et on dirait que Bertrand Renard est son arrière-grand-père !

Tu as cinquante ans comme tous ceux qui ont fait ton histoire, ma jolie France, tu as cinquante ans comme tous ceux qui t'ont accompagnée, séduite, éblouie, enjôlée, ensorcelée, cajolée, captivée, et puis qui t'ont trompée un matin de trahison pour aller avec d'autres, plus argentées que toi, plus fortunées, ou que toi-même, infidèle, inconstante et volage, tu as abandonnés, jetés un soir de rupture et de désamour. Oui, ma Francette, tu as cinquante ans comme Laurent Ruquier, comme Isabelle Giordano, comme Laurence Boccolini, comme Stéphane Bern, comme Stéphane Guillon, qui ne participeront pas tous aux festivités de ce week-end, notamment à cause d'emplois du temps surchargés.

Mais ne retournons pas le canif dans l'estafilade : tu es à fleur de peau. Tu es épidermique. Tu peux être dure et tellement sensible, tu es impulsive et réfléchie, tu es atrabilaire et tendre. Tu es faite de toutes nos erreurs et de toutes nos contradictions. Tu es faite de toutes nos antipathies et de tous nos enthousiasmes. Ce que j'aime en toi, finalement, c'est que tu n'es jamais tout à fait raisonnable. Tu es passionnée, enthousiaste, vivante. Impertinente aussi. Quand on te taxe de parisianisme, tu choisis la tour Eiffel pour t'exhiber insolemment.

Mais pardonne-moi, ma jolie Francette, de te parler franchement : que tu peux être exaspérante parfois quand tu penses avoir raison contre la terre entière ! Que tu peux être pénible quand tu joues au précepteur accroché à ses dogmes ! Mais que tu es généreuse aussi et délicate et sensible et joyeuse quand tu nous fais partager tes émotions et tes connaissances, tes coups de cœur et tes coups de gueule, quand tu te souviens dans une douce nostalgie que Jacques Chancel et José Artur ont été tes amants, que Pierre Bouteiller et Jean-Louis Foulquier furent tes chevaliers servants, que Claude Villers avec Desproges et Rego te faisaient tourner la tête. Mais je ne peux pas citer tous les prétendants, tous les amants exigeants et ardents que tu as eus, insatiable mangeuse d'hommes que tu as été. Tu en as eu des amoureux, et tu en as toujours qui viendront s'inscrire dans la mémoire des jours prochains.

Car vois-tu, avec le temps, on oublie le visage mais l'on n'oublie pas la voix des transistors, la voix de ceux qui nous disaient tout bas : « Ne rentre pas trop tard, surtout ne prends pas froid. »

Avec le temps, tu vas voir, tout s'épanouit.

Ma fidèle France, ma bonne Inter, ne te résigne pas. Ne te sacrifie pas. Sois une enragée, une révoltée, une indomptable, une insurgée. Ne te laisse pas faire. Ne rentre pas dans le rang. N'abandonne pas ta jeunesse constitutive et, un jour, deviens une belle vieille dame indigne.

Ma jolie France, ma belle Inter, je te souhaite le meilleur pour les cinquante prochaines années.

Souvenons-nous de Serge le Lama

13 décembre 2013

Dans les journaux, souvenez-vous, il y a quelques jours, la prostate du président a fait les gros titres. Et puis un grand humaniste est mort et on a oublié la prostate du président. Tout le monde a rendu hommage au grand homme. Même ceux qui faisaient commerce avec ses geôliers. Même ceux qui le traitaient de terroriste. Et puis le grand homme lui-même a été balayé par Nadine Morano, en conflit avec l'ancien président de l'Assemblée nationale, Bernard Accoyer. Nelson Mandela se retrouve donc coincé entre une prostate et Nadine Morano. Au temps des robinets continus de l'information, la gloire n'est pas si glorieuse.

Attention. Il aurait pu connaître pire. Souvenez-vous encore. La vedette, il y a à peine quelques semaines, était Serge le Lama. Serge le Lama en tramway. Serge le Lama inaugure des magasins. Serge le Lama fait de la publicité. Serge le Lama tourne dans des clips. Un roman sur son histoire était en gestation, un biopic, une comédie musicale, un parc d'attractions. Pendant toute cette période, je vous fais remarquer, on a moins entendu parler de Nadine Morano. Y a-t-il eu entre les deux un accord, une sorte d'entente préalable ? On ne sait pas. Mais c'est possible. Entre ces deux étoiles montantes, un arrangement a pu se faire. « Je te laisse le champ libre pendant quelque temps, et juste après, hop, je reprends le flambeau. »

On ne sait pas comment Serge le Lama a vécu son retour à l'anonymat. Aujourd'hui, je vous le fais remarquer, je suis le seul à rappeler son souvenir. Quelle ingratitude du monde médiatique ! Imaginez, pendant des jours entiers, les radios, les journaux, les télés, accrochés à vos basques. Et puis tout d'un coup le silence, l'oubli. Aujourd'hui, comment Serge le Lama va-t-il réagir ? C'est la question. Va-t-il rebondir ? Va-t-il tenter de saisir à nouveau sa chance ? Va-t-il essayer d'approcher Jean-François Copé pour devenir tête de liste aux européennes ? Qu'apporterait de plus Serge le Lama au Parlement européen ? Il est évident qu'il a des déficiences. Ses connaissances en langues étrangères, notamment en anglais, mais aussi en allemand, ainsi qu'en volapük, sont très lacunaires mais, attention, Serge le Lama a des atouts sous sa fourrure ! Il est populaire. Sa laine est très recherchée et ses qualités de débroussailleur sont reconnues par tous. Ce qui n'est pas le cas, et vous en conviendrez, de tous les prétendants au Parlement européen.

Je vous rappelle les principales informations de la matinée : Nelson Mandela est mort à la suite d'une opération de la prostate. Bernard Accoyer soutient la candidature de Serge le Lama comme tête de liste aux européennes et Nadine Morano a décidé de se perfectionner en anglais.

Swing Cabu[1]

27 décembre 2013

Je voulais écrire une chronique sur le dernier livre de Cabu. Mais c'est impossible. À peine venez-vous de noter la phrase : « Je voulais écrire une chronique sur le dernier livre de Cabu » que Cabu a déjà sorti un nouveau livre. Et pour peu que vous répétiez la phrase : « Je voulais écrire une chronique sur le dernier livre de Cabu » qu'il en a sorti un autre. Et puis un autre. Et puis encore un autre. Ça n'arrête jamais. Si, au milieu de la phrase « Je voulais écrire une chronique (...) sur le dernier livre de Cabu », vous prenez votre respiration, Cabu, pendant ce temps-là, a eu le temps de fournir des dessins à *Charlie Hebdo*, au *Canard enchaîné*, il a dessiné une quinzaine de couvertures de livres sur les sujets les plus divers. La gauche. La droite. Charles Trenet. Johnny Hallyday. Ses amours. Ses détestations.

Les libraires deviennent fous.

---

1. Chronique écrite à l'occasion de la sortie de *Cabu Swing. Souvenirs & carnets d'un fou de jazz*, Les Échappés-Charlie Hebdo.

« Bonjour monsieur, je voudrais le dernier livre de Cabu.

— Mais bien sûr, monsieur, un instant, je vous prie, le voici, il vient de sortir, il est tout chaud… Ah, mais pardon, je vois sur mon ordinateur qu'un tout nouveau Cabu vient de sortir. Voyez-vous, le temps d'aller chercher ce livre dans les rayons que Cabu vient d'ajouter un nouvel opus à son œuvre. Vous voulez lequel, monsieur, le dernier Cabu ou le tout dernier Cabu ? Je vous demande de me donner une réponse assez rapide, si vous réfléchissez trop longtemps, de nouveaux Cabu vont encore apparaître les uns après les autres. Parce que je vais vous dire, monsieur, cet homme n'est pas un homme, c'est un geyser, ce dessinateur n'est pas un dessinateur, c'est un robinet à dessins, c'est un jaillissement permanent de traits, de croquis, d'études, d'esquisses, de caricatures. Dépêchez-vous, monsieur, quel Cabu voulez-vous ? Répondez-moi ! Parce qu'un troisième nouveau Cabu vient de sortir, puis un quatrième, monsieur, délivrez-moi, je suis envahi, submergé par les nouveautés de Cabu. Il faut faire vite. J'étouffe. Je défaille. Je suffoque. Il faut me donner une réponse rapidement ! »

Plutôt que d'écrire une chronique sur le dernier livre de Cabu, je préfère m'arrêter sur un livre ancien de Cabu puisqu'il a déjà quelques semaines. Mais vous pouvez le trouver encore dans les bonnes librairies. Le livre s'appelle *Cabu Swing*. L'éditeur : Les Échappés, Charlie Hebdo. Le prix 39 euros. Mais c'est un beau cadeau.

Vous tournez les pages du livre.

Et il vous semble entendre ça… Lionel Hampton, Oscar Peterson, Count Basie, Duke Ellington…

Cabu aime le jazz qui déménage. Pas celui qui donne envie de se jeter dans la Seine.

Et dans ce livre d'amour, de joie, d'admiration, d'émotion, d'humour, d'enthousiasme, d'inspiration, Cabu réunit toute la musique qu'il aime. Il dessine Cab Calloway avec tendresse et naturellement rend hommage à Charles Trenet. Mais un hommage espiègle, insolent, malicieux.

Cabu cite Pierre Bouteiller : « Un *big band*, c'est dix-sept musiciens, trois selon la police. »

Cabu cite Manu Chao : « Un musicien de jazz connaît mille notes et il joue devant vingt personnes, un musicien de rock connaît trois notes et il joue devant mille personnes. »

Un jour, il y a quelques années, je monte les Champs-Élysées, je croise Cabu qui sort d'un grand magasin de disques. Je lui demande : « Vous avez acheté quoi ? Du jazz ou du Charles Trenet ? » Il me tend un CD, *Charles Trenet, récital du Théâtre de l'Étoile, 1952* : « Tenez, c'est pour vous. »

Cabu est un monsieur généreux qui sait faire partager ses enthousiasmes. Son livre *Cabu Swing* en est la preuve éclatante.

Dans le fond, il n'y a pas tellement mieux comme attitude.

Quand votre cœur fait Plonk !

3 janvier 2014

Bien sûr, je n'ai pas d'ordre à vous donner. Mais au lieu de vous morfondre, vous devriez déjà faire la queue à l'Espace Croix-Baragnon de Toulouse, où jusqu'au 11 janvier est exposée l'œuvre commune de messieurs Plonk et Replonk. Vous n'avez naturellement aucune consigne à recevoir de ma part mais, au lieu de vous affliger, vous feriez mieux de faire le pied de grue devant l'espace culturel Aragon d'Oyonnax où jusqu'au 15 février sont offerts à la vue de tous les travaux de messieurs Plonk et Replonk. Plonk et Replonk *alias* Hubert et Jacques Froidevaux. Et si la perspective de visiter la Haute-Garonne ou le Jura vous indispose, procurez-vous illico l'ouvrage intitulé *De zéro à Z, l'abécédaire de l'inutile*, préfacé par Daniel Pennac et édité chez Hoëbeke.

On n'arrive pas à le croire, il fut une époque où Plonk et Replonk n'existaient pas. Le monde semblait vide. La vie semblait vaine. Les jours passaient, sans objectif. Les grands penseurs, les grands artistes, les grands philosophes cependant, avec la prescience des voyants, l'intuition des visionnaires, devinaient ce manque et exprimaient cette absence, espérant la venue de Plonk, présumant l'arrivée de Replonk, escomptant un jour de félicité l'unification de Plonk et Replonk.

En 1936, Charles Trenet (dit le Fou plonkant) chantait : « Plonk, quand votre cœur fait Plonk, tout avec lui dit Plonk et c'est l'amour qui replonke. »

Quelques années plus tard, André Malraux devait déclarer dans l'incompréhension générale : « Le XXIe siècle sera plonk ou ne sera pas replonk. » Ce qui fit dire au général de Gaulle ce mot devenu historique bien qu'absent de la plupart de nos manuels scolaires : « Dis donc, le Dédé, faudrait qu'il arrête la bibine. »

On ne sait toujours pas, à propos du Général, s'il aurait dit : « Les Français sont des veaux », un jour qu'il faisait un froid de canard, ou : « Les Français sont des canards », un jour qu'il faisait un froid de veau, ce qui, naturellement, arrangerait les deux sujets de ma chronique du jour, Hubert et Jacques Froidevaux, mais ne voudrait strictement rien dire.

À propos de rien, n'est-ce pas Lamartine lui-même, Alphonse de son petit nom, qui des années auparavant notait : « Un seul être vous plonke et tout est déplonké » ?

Je l'affirme et le prétends, je le soutiens et le maintiens, Plonk et Replonk sont aussi indispensables à l'humanité que l'est une plieuse de bananes marchant à plein régime. Qu'on ne s'y trompe pas. En sollicitant une fois de plus la figure emblématique de la banane, il n'est pas dans mes intentions de me fourvoyer dans une nouvelle polémique stérile. La banane est une merveille de l'humanité, un prodige de la civilisation, comme le sont Plonk et Replonk.

Mais parlons plutôt de Céline Dion. Ah, vous n'imaginiez pas que Céline Dion serait convoquée ce matin pour agrémenter mon hommage, qui pour être décousu n'en est pas moins sincère. Oui, Céline Dion fit il y a quelques années un succès interplanétaire en hurlant à la mort ce refrain qui reste dans toutes les mémoires : « Le monde est plonk./Je cherche le soleil/Au milieu de ma nuit. »

Plonk et Replonk ne font rien d'autre que chercher le soleil au milieu de la nuit.

Grâce à eux, nous n'oublierons pas la terrible épidémie de moustaches de 1910, pas plus que la classe des hyperactifs de Mlle Bémolle. Le monde est divisé en deux. Ceux qui ont déjà envoyé une carte postale de Plonk et Replonk, et ceux qui ont déjà reçu une carte de Plonk et Replonk. Notez que ce sont parfois les mêmes. Ce qui prouve qu'en ces temps difficiles leur contribution est essentielle à la cohésion sociale et culturelle de notre pays.

Le godiveau

10 janvier 2014

Des fois, je me dis que j'ai raté ma carrière. J'aurais dû faire antisémite comme métier. On aurait parlé de moi. J'aurais fait la une des journaux. J'aurais été l'objet de tous les débats, toutes les pensées, dans toutes les rédactions, dans tous les bistrots, partout, même au sommet de l'État.

Sans trop me casser la tête. J'aurais inventé un geste, genre un doigt en l'air, le coude replié, la jambe tendue. N'importe quoi. Le poing fermé, un doigt dans l'oreille. N'importe quoi. J'aurais dit que ça serait un geste antisystème. J'aurais appelé ça « le godiveau ». J'aurais fait des godiveaux à longueur de temps ! La marrade ! La poilade ! À Auschwitz, devant les synagogues, dans les cimetières juifs. Vous imaginez ? Les occasions de rire sont infinies. Tout le monde aurait fait des godiveaux, pour rigoler ! Enfin tout le monde… Le Pen, Gollnisch, Anelka, tous ces gens tellement à plaindre et qui dans leur carrière passée, à la tête d'un parti, à l'Assemblée, à l'université, sur les terrains de foot, ont eu tant à souffrir d'un système dont ils ont si peu profité ! Le godiveau se serait répandu. Il aurait fait trembler la République.

Des fois, je me dis que j'ai raté ma carrière. J'aurais dû faire raciste comme métier.

Je n'aurais pas eu trop besoin de soigner mes textes, pas trop besoin de travailler. Le principal trait d'humour d'un ancien humoriste qui interpréta au cinéma le rôle d'un proctologue, aujourd'hui, c'est de dire « dans le cul », « dans le fond du fion » du sionisme, de Hollande, de tout ce qui n'est pas en totale harmonie avec sa pensée délicate…

Bon. Je veux bien qu'on ne soit pas spécialement exigeant en matière d'humour, mais c'est quand même assez rudimentaire, non ? Par rapport à Raymond Devos par exemple, c'est différent, c'est peut-être moins subtil, un peu. Par rapport à Zouc, la Suissesse repartie dans sa Suisse et qui nous manque tellement et que j'embrasse, c'est très, très, très éloigné.

En même temps, c'est aussi plus direct. Il n'y a pas besoin de faire un gros travail de réflexion pour comprendre toutes les finesses de son langage.

Des fois, je me dis que j'ai raté ma carrière. J'aurais dû faire martyr comme métier. On m'aurait détesté bien sûr mais aussi on m'aurait plaint. On aurait évoqué la liberté d'expression. « Ben oui, les Juifs ils ont bien le droit de parler, pourquoi les nazis ils auraient pas leur mot à dire ? » Et puis, un martyr, ça gagne bien. Des tas de gens m'auraient soutenu. Il y aurait eu des souscriptions. Pour mettre « dans le cul » du système.

Quand on y pense, c'est curieux cette obsession de la sodomie qui revient régulièrement chez un être qui de temps en temps doit forcément rechercher un peu de douceur. La preuve, il n'a pas prénommé sa fille « Dans le cul » mais Plume.

Des fois, je me dis que j'ai raté ma carrière. J'aurais dû ouvrir une boutique de haine. La haine, c'est un produit à la mode. C'est elle qui a pignon sur rue. C'est elle qui fait recette. C'est la grande fournisseuse des médias.

La boîte à outils

17 janvier 2014

Mardi dernier, la conférence de presse du président de la République a pu sembler un peu ennuyeuse à certains. C'est qu'elle avait été précédée par une autre conférence de presse à midi, au même endroit, avec les mêmes protagonistes.

Le président de la République avait commencé par une longue dissertation de quarante minutes sur sa vie sexuelle. Ses premiers émois amoureux, sa rencontre avec Ségolène Royal, sa rupture avec Ségolène, son amour pour Valérie Trierweiler, puis finalement et en conclusion provisoire l'arrivée de Julie Gayet dans sa vie affective. Beaucoup de gravité dans les propos de François Hollande, qui a conclu son intervention par une phrase lourde de sens : « J'ai une conviction et elle est profonde, si le président veut garder la maîtrise de sa sexualité, il doit faire réviser régulièrement son scooter. »

Une première question fut posée avec beaucoup de componction par un journaliste se repentant déjà d'ouvrir le débat de façon si dérangeante puisqu'elle concernait la situation économique de la France et les calamiteux sondages qui exprimaient la défiance des Français à l'égard du président de la République.

François Hollande s'attendait à la question. Il y répondit avec fermeté, avec autorité. « Chacun dans sa vie publique peut traverser des épreuves. Ce sont des moments douloureux. »

Il fit la promesse de clarifier la situation sur le sujet avant la prochaine élection présidentielle.

À ce moment-là, Ivan Levaï, au premier rang, se leva afin de poser une question mais se fit doubler par une consœur de TF1. Ivan Levaï se rassit.

François Hollande fut interrogé sur les positions qu'il affectionnait particulièrement pendant les ébats amoureux. Le président y répondit avec force détails. Certains journalistes, des *Échos*, de *Valeurs actuelles* notamment, s'ennuyaient ferme, jugeant que les réponses viraient un peu trop technique, tandis que les correspondants de *Playboy*, *Newlook*, *Lui*, *Union*, *Plaisir*, *Dusty*, *Hard Box*, *Eros contacts*, *Sex' Parades*, *Eroscopie*, *Recto Verso*, *Super Sex*, *Hard International* prenaient des notes avec la plus grande application.

À plusieurs reprises, Ivan Levaï tenta de poser des questions mais sans succès, se faisant régulièrement manger la politesse par l'un ou l'autre de ses plus vifs et de ses plus jeunes confrères.

Et puis, enfin, une question fut posée sur le fétichisme sexuel. « Faire l'amour avec un casque de scooter, était-ce véritablement un plus dans une vie sexuelle épanouie ? » C'était l'interrogation de Jocelyne Mouchadon, journaliste au *Courrier lorrain*. Le président prit sa respiration avant de répondre sans ambages, avec la plus grande clarté, la plus grande détermination. « Oui, je suis un fétichiste sexuel. Les accessoires sont non seulement utiles, ils sont indispensables pour renouveler l'intérêt d'une vie sexuelle épanouie. Je vous le dis, je ne m'en suis jamais caché, je le répète, je le clame, oui, je suis un fétichiste sexuel. »

Mlle Mouchadon reprit sa place, satisfaite, elle avait permis de clarifier la situation du président. Ivan Levaï réussit enfin à prendre la parole. Il avait l'air du vieux professionnel qui ne s'en laisse pas conter, qui à l'occasion ne déteste pas mettre en difficulté le président de la République, quitte à lui faire la leçon.

« Monsieur le président, pourquoi ne dites-vous pas clairement que vous êtes fétichiste sexuel ? C'est pas mal d'être fétichiste sexuel ? »

Les journalistes présents se promirent d'offrir un nouveau Sonotone à M. Levaï, à l'occasion de son prochain anniversaire.

La conférence de presse avait été d'une haute tenue. Elle avait tourné essentiellement autour du slip du président, ce qu'il avait lui-même surnommé dans une précédente intervention « la boîte à outils ».

François Hollande rajusta sa cravate, enfila son casque et prit la direction de la rue du Cirque. Il avait un peu de temps devant lui avant la conférence suivante.

Tous les garçons s'appellent François

24 janvier 2014

Comme vous le savez, Patrick, aujourd'hui, au Vatican, François va rencontrer François, mais je voudrais rendre compte d'une autre conversation qui a eu lieu récemment entre François et François. Vous pouvez croire à tort que tous les garçons s'appellent Patrick, Patrick. C'est faux. Tous les garçons s'appellent François et je suis bien placé pour le savoir. Patrick, vous voulez bien jouer le rôle de François ? Pour ma part, je jouerai le rôle de François...

— Euh, oui. Si ça ne vous dérange pas, François, j'aimerais autant jouer le rôle de François.

— Comme vous voulez. Dans ce cas-là je jouerai le rôle de François. C'est vous qui commencez...

(En tapis sonore, la musique instrumentale de la chanson Je t'aime moi non plus.*)*

— François ?

— François...

— François, parfois, je ne te comprends pas.

— Pourquoi dis-tu ça, François ?

— Mais, François, au moment où moi, président

de la République, je m'avoue social-démocrate, autant dire centriste, tu t'éloignes de moi, pourquoi ?

— Oui, François, je t'ai entendu et mon cœur est brisé, je t'ai trop attendu, tu ne m'as fait aucun signe. Maintenant c'est trop tard.

— Il n'est jamais trop tard, François…

— Si, François. Plus d'un an et demi que j'attendais un mot de toi, oh, rien : une promesse, une parole apaisante, un sourire, un portefeuille ministériel, enfin quelque chose qui m'aurait rassuré, donné confiance… Mais rien. Pas un mot, pas un regard. Parfois, comme tu peux sembler dur, inflexible…

— Tu sais bien, François, que ma situation était compliquée. Si j'allais vers toi, je me mettais définitivement à dos mon aile gauche… Tu as déjà vu un mélenchoniste énervé ? Non, pardonne-moi mais c'était impossible…

— Nous pensions toi et moi que rien n'était impossible en politique. Souviens-toi. Nos discours, nos projets, nos folies… On place le centre à droite, à gauche, où on veut. On renverse les courbes. On rêve et puis, un jour, la réalité nous rattrape, François, et puis les courbes ne se redressent pas et le centre comme toujours retombe à droite. Je ne pouvais plus supporter notre situation. À l'Élysée, quand je venais te voir, c'était à la sauvette. Tu m'obligeais à venir casqué. Moi, je rêvais de vivre notre union au grand jour. Au point que parfois j'espérais que *Closer* nous surprenne.

— François… tu pleures ?

— Non, c'est la pluie de ton quinquennat mouillé qui roule sur mes joues…

— François, c'est incompréhensible. Tu as fait perdre la droite en appelant à voter pour moi, et aujourd'hui la droite se met à ton service. Qu'est-ce que ça veut dire ? Alors ça n'a pas de sens pour toi, la résolution, l'engagement, le courage, la fidélité ?

— Euh… François, s'il te plaît…

— Bon d'accord…

— François, souhaite-moi bon courage. Je repars à Pau, avec mon bâton de berger pyrénéen. Imagine la tête des sarkozystes, obligés de me soutenir, eux qui tant me détestent. Ça ne te fait pas rire ?

— Non, François, je t'imaginais autrement. Je te pensais si loin des petits arrangements et de la politique politicienne. Tu étais un tel exemple pour moi, tes convictions, ton entêtement…

— Seuls les faits sont têtus…

— François… je t'aime.

— Moi non plus.

Monsieur Cavanna

31 janvier 2014

Monsieur Cavanna,

J'apprends avec la plus grande stupéfaction qu'à quatre-vingt-dix ans vous venez de mourir. Je ne vous félicite pas. Je ne vous tire pas mon chapeau. Pour le dire franchement, je trouve ça de votre part extrêmement décevant. De vous, j'attendais mieux. D'autant que, depuis votre naissance à Paris en 1923, vous avez toujours été extrêmement vivant.

Sans doute n'avez-vous pas toujours été très poli, conciliant, raffiné, révérencieux, mais vivant, vous l'avez été. Ça oui ! Ça pouvait en énerver quelques-uns. Mais ça en vengeait tellement d'autres ! Pour beaucoup, vous lire était un réconfort. Vous étiez la preuve que la vieillesse n'était pas le renoncement, que le grand âge ne voulait pas dire l'inertie.

Et là, j'apprends, avec la plus grande déception, le plus grand désappointement, que vous avez rendu les armes, que, ni plus ni moins, vous avez déclaré forfait. Comme un assujetti à la Sécurité sociale, comme un vieillard valétudinaire, un grand-père ergotant, un patraque patriarche, vous mourez dans un lit d'hôpital. Vous mourez après le passage de l'infirmière qui a pris votre tension et vous a interdit de trifouiller sous sa blouse, vieux dégoûtant que vous êtes, vous mourez sous le regard inquisiteur d'un plateau-repas vengeur, devant une viandasse grisâtre et indéterminée, une compote sous plastique. Vous mourez, perclus de douleurs, de souffrance et de larmes, vaincu sous Parkinson, affaibli par de successives fractures du col du fémur, culbuté par la mort, cette salope que vous avez toujours insultée, offensée, combattue, attaquée mais qui, la garce, patiente, fait le guet, insidieuse, attend son heure, finit toujours par avoir le dernier mot.

Monsieur Cavanna, j'apprends avec la plus grande déconvenue que vous venez de mourir alors que ce n'est vraiment pas le moment. La bêtise a pignon sur rue quand elle ne l'investit pas pour mêler des colères disparates faites de rancœur, de ressentiment et de haine. Vous mourez alors que la connerie fait florès, alors que le repli sur soi, le racisme, l'arrogance deviennent à la mode, alors qu'on ne se gêne plus pour écrire sur les calicots des slogans vomitifs.

Monsieur Cavanna, vous espériez que le budget de la défense serait consacré à la recherche médicale pour interdire la mort et vous, vous mourez au champ d'honneur des écrivains et des poètes, des résistants et des révoltés, des utopistes qui rêvent le monde pour le réinventer, l'émerveiller.

Monsieur Cavanna, vous êtes mort et ça ne vous ressemble pas. Revenez sur cette conclusion si convenue. Ne mourez pas. Franchement, vous avez mieux à faire. Faites un dernier effort. Ne mourez pas. Au contraire, ressuscitez, multipliez-vous, propagez-vous, répandez-vous, diffusez-vous afin que des centaines, des milliers, des millions et des millions de Cavanna au geste leste, à la moustache victorieuse, à la pensée agile se lèvent, se réunissent et piétinent la sottise et le chacun pour soi.

Monsieur Cavanna, je compte sur vous.

Je vous adresse mes pensées affectueuses et reconnaissantes.

Ingratitude et inconséquences

7 février 2014

Les bonnes nouvelles sont suffisamment rares pour qu'on puisse avoir envie de les mettre en valeur quand elles apparaissent.

En 2013, la mortalité sur les routes a baissé de 11 % par rapport à l'année précédente. Plus de 350 personnes qui selon les statistiques auraient dû être mortes et qui, au lieu de ça, passent leur temps à critiquer le gouvernement. Tous les survivants sont invités à se faire connaître au plus vite auprès de leur préfecture afin de mettre en valeur la politique routière des pouvoirs publics.

Voulez-vous que je vous dise ? Nous sommes ingrats. Et inconséquents aussi. Légers, versatiles, volages, onduleux. Voilà, vous voulez que je vous dise vraiment : nous sommes faibles. On reproche à François Hollande d'être flottant. On n'est pas mieux.

Évidemment, on a moins de décisions à prendre. On n'est pas chef des armées. On n'est pas responsable de l'économie française. On ne connaît pas le code nucléaire. Mais quand même, l'autre soir, au restaurant

Le Donjon à Argentan, j'ai hésité... Entrée ou plat direct ? Une sole ou une bavette ? Café ou déca ? Ce n'est pas facile d'avoir à choisir continûment. Des fois, on voudrait que *Closer* prenne pour nous les décisions, fassent les gros titres. « François Morel a pris de la charcuterie, une bavette et un mille-feuille avant son café et son pousse-café. » C'est vrai, j'avais oublié le dessert et le calvados. Bon alors, la formule super-complète, puisque c'est *Closer* qui l'a dit.

Des fois, je suis fatigué d'avoir à faire des choix. Heureusement que je ne suis pas président de la République. Du moins, pas encore. Je réserve ma décision.

Il y a quinze jours, je sais, c'est un peu loin, je ne sais pas si vous vous souvenez, Valérie Trierweiler (ça ne vous dit rien ? mais si, la première journaliste de France, c'est elle qui le disait), elle était l'une des femmes les plus honnies de France. Sur le curseur de la détestation, elle n'était pas loin de Cruella, de Mme Fourniret, de l'épouse Dutroux. À côté, Eva Braun paraissait limite bonne copine sympatoche. Et puis, depuis le communiqué lapidaire de l'Élysée, Valérie Trierweiler est devenue celle qu'on plaint, celle qu'on regrette déjà, celle qu'on aime. Presque.

Nous sommes inconséquents, nous ne savons pas ce que nous voulons. Aujourd'hui, rue de Solférino, on se dit que finalement, si on avait eu l'idée de présenter l'ex-première dame aux municipales, elle aurait pu sauver une ville moyenne.

Comme quoi, rien n'est jamais perdu. Rien non plus n'est définitivement acquis. Madame Taubira, si vous déplacez les procureurs de la République, comme n'importe quelle Rachida Dati de base, on pourrait finir par vous trouver moins affriolante, pour peu qu'on soit effectivement attaché à l'indépendance de la justice.

Autant qu'on aime, on peut détester. Le contraire est possible.

Regardez Alain Juppé. Dans les années quatre-vingt-dix, droit dans ses bottes, on ne pouvait pas le sacquer. Aujourd'hui, c'est un recours. Un doux regret de la République. Un chagrin d'État. Un soupir exécutif. On le jugeait austère, on le trouve sérieux. On détestait son arrogance, on admire sa réserve. On se demande comment ça se fait qu'un gars comme ça, si sérieux, si pondéré, si chauve, ne soit pas président de la République, chef de l'Europe, maître du monde.

C'est un espoir pour beaucoup. Voyez le président de l'UMP. Malgré une économie en panne, malgré l'incapacité des socialistes à inverser la courbe du chômage, personne ne peut encadrer Jean-François Copé. C'est comme ça. On n'y peut rien. On ne peut pas le sentir.

Allez, Jean-François, ce n'est pas grave. Dans vingt-cinq ans, quand vous serez fini, hors course, à la ramasse, rangé des voitures, vous serez notre meilleur copain.

Une seule phrase

14 février 2014

Je profite de la présence d'un académicien français venu ce matin avec son bicorne et son épée, sa moustache et ses lunettes, intercepté entre l'île de Bréhat et la rue Notre-Dame-des-Mots, entre le Gulf Stream et le Conseil d'État, entre la Coupole et un fâcheux abandonné, autant dire entre un quai Conti et un con quitté, pour ne prononcer qu'une seule phrase, pas cinq, pas quatre, pas trois, pas deux, une seule phrase mais avec naturellement des incidentes et des incises, avec des subordonnées et des relatives, avec, si ça se trouve, des complétives et des circonstancielles, mais une seule phrase introduite par une majuscule et conclue dans moins de trois minutes trente maintenant, le temps passant si vite, par un point qui pour être final n'en sera pas moins libérateur et bienvenu et opportun parce que quand on a devant le micro, à côté de soi, même virtuellement, quelqu'un qui maîtrise la langue avec excellence, autant faire profil bas, je dirais même autant tondre les cloisons, autant tailler les remparts, oui, autant raser les murs, en ne tentant de prononcer qu'une seule et unique phrase, car à partir de deux phrases, c'est logique, c'est mathématique, c'est cartésien, vous multipliez immédiatement par deux les écueils du cuir et les menaces du pataquès, sans compter les pièges du velours et les périls de la psilose, toutes ces infirmités de la langue française qui chaque fois qu'elles sont proférées à l'antenne occasionnent autant de plaintes que de courriers vengeurs adressés directement à ce pauvre M. Bouvier, médiateur à Radio France et sosie de Jean Ferrat qui, j'en suis sûr, me sera reconnaissant de limiter pour une fois les risques d'incorrections en n'articulant qu'une seule phrase qui, sans doute, sera entrecoupée de virgules (comment faire autrement ?), de parenthèses (comment les éviter ?), voire de points de suspension… si j'en ai l'usage, mais qui ne sera surtout pas encrassée par ces saloperies de points-virgules, ces couilles molles de la ponctuation qui sont autant d'aveux de faiblesse et qui, à juste titre, tant mettaient en rage feu François Cavanna qui pensait pertinemment que dans la vie, il fallait choisir, la vie ou la mort, le vice ou la vertu, les Rolling Stones ou les Beatles, Sartre ou Camus, Jacques ou le croquant, la gauche ou la droite, le point ou la virgule mais surtout pas le point-virgule qui était à ses yeux farouches une véritable impuissance à trancher dans le vif, suivez mon regard, une incapacité à se déterminer car enfin aucun Grenelle de la ponctuation, aucun comité de spécialistes ne saurait mettre d'accord un point et une virgule aussi dissemblables qu'un patron et un ouvrier, un curé et un anarchiste, un inspecteur de la Cour des comptes et un membre de l'Institut à propos de qui on vient d'en apprendre de belles grâce au livre de Daniel Garcia, *Coupole et dépendances*, sorti pas plus tard qu'hier, racontant que sous les robes de la vieille dame du quai Conti, entre ses gigantesques cuisses qu'elle serre comme un étau, on trouve des forêts, des immeubles, des milliards d'euros ainsi que quelques subsides de l'État, qui peut-être seraient avantageusement employés s'ils servaient la culture dont le budget connaît une érosion continue depuis que la gauche est au pouvoir, ce qui j'imagine doit susciter chez M. Orsenna, homme de gauche et de culture, certaines réflexions intéressantes, point à la ligne.

Notre-Dame-des-Bulldozers

28 février 2014

Si M. Ayrault me demandait ce que je pense de l'aéroport de Notre-Dame-des-Landes, qu'est-ce que je lui répondrais ? Je me réunirais avec moi-même et je ferais un effort de réflexion.

Bon, je ne suis pas contre le progrès. Chez moi, j'ai même une salière et un poivrier électriques qui font de la lumière au cas où l'on voudrait assaisonner dans l'obscurité. C'est vous dire. Et puis j'aime bien les avions. Particulièrement au niveau des issues de secours quand on peut allonger ses jambes. Figurez-vous qu'en ce moment je suis à Nouméa et je n'y suis pas venu à vélo.

Mais alors, concernant Notre-Dame-des-Landes, Notre-Dame-du-Ciment, Notre-Dame-des-Bulldozers, Notre-Dame-du-Béton, Notre-Dame-des-Larmes, le mieux, ce serait que vous arrêtiez les frais. On s'enlise. On se castagne. On s'enferre. L'un perd un œil. L'autre va perdre un bras. Mourir pour la patrie, c'était déjà pas folichon, mais mourir pour Vinci, franchement, ce serait quand même trop bête.

Chaque année, plus de 60 000 hectares de terres agricoles en France se volatilisent. 60 000 hectares ! C'est comme si tous les sept ans disparaissait un département français. Un département entier perdu entre 2000 et 2007. Un autre entre 2007 et 2014, ça fait beaucoup, non ? Alors, bien sûr, si c'est la Vendée et les Deux-Sèvres, c'est pas trop grave, mais si c'est la Charente-Maritime et le Calvados, c'est quand même plus embêtant.

Non, je plaisante. Je préfère préciser avant que les Vendéens et les Deux-Sévriens ne protestent.

Des terres agricoles qui meurent. Des zones commerciales, industrielles, qui naissent à la place. Toutes aussi moches les unes que les autres. Franchement, monsieur Ayrault, ça vous plaît de diriger le gouvernement d'un pays qui tend tous les jours à ressembler un peu plus uniformément à la Patte-d'Oie d'Herblay ?

Et je ne vous parle pas des centres-villes qui se désertifient. Pour aller chercher une baguette, il faut prendre sa voiture, traverser des ronds-points successifs qui semblent concourir dans une compétition de laideur. De temps en temps, derrière l'église fermée à clef, une pharmacie, une banque, une agence immobilière à côté d'un magasin de tatouage.

C'est bien sûr extrêmement désagréable de voir à la télévision une boutique Vinci détruite en quelques minutes lors d'une manifestation. Bien sûr. Évidemment. Indiscutablement. Mais voir des paysages qui sont anéantis, saccagés, un peu plus jour après jour dans l'indifférence générale, c'est également fort déplaisant. D'autant que la télévision filme rarement cette violence-là, plus insidieuse, plus sournoise.

À quoi ça sert de construire des aéroports, si en

s'éloignant de chez soi on tombe toujours sur la même zone industrielle qu'on a à côté de chez soi.

Ça sert à quoi de chercher ailleurs des vallons, des champs, des collines, des bocages, si ailleurs ressemble à ici, si Bouygues, Vinci, Eiffage bétonnent, saccagent, uniformisent, et finalement dirigent le monde.

Monsieur Ayrault, si par hasard vous croisez un écologiste, précisez-lui que ses états d'âme au sujet de sa place dans votre gouvernement, comment dire ?, nous indiffèrent…

Comme dirait Quentin, charpentier, qui manifestait samedi dernier à Nantes et dont le globe oculaire a été détruit après un tir de Flash-Ball, on s'en bat l'œil.

Quand les gallinacés souffriront de caries

7 mars 2014

M. Copé, pour se défendre des deux scandales récents qui viennent d'entacher la droite française, crie au complot. Il a forcément raison. Nous sommes à trois semaines à peine des élections municipales. Les deux affaires, celle du favoritisme dont auraient bénéficié les amis de M. Copé, celle des enregistrements intempestifs de M. Buisson, pourraient avoir des conséquences importantes sur le résultat des votes.

Je propose donc à tous les journalistes, ceux du *Canard enchaîné*, ceux du *Point*, ceux de n'importe quel autre organe de presse qui feraient leur travail, de bien vouloir respecter scrupuleusement un calendrier afin de ne pas entraver la vie de la politique française.

Merci donc de ne plus sortir d'enquêtes d'ici fin mars.

Je rappelle que les élections municipales auront lieu les 23 et 30 mars 2014. Un peu de patience !

Début avril, il sera temps de reprendre les affaires en cours.

Sauf que, naturellement, nous serons quelques semaines avant les élections européennes, et qu'il serait judicieux d'observer une pause afin que les résultats des européennes ne soient pas pollués par ces boules puantes désastreuses pour l'image de notre pays vis-à-vis de nos différents partenaires européens.

En revanche, dès le 26 mai, les journalistes pourront avantageusement ressortir tout ce qu'ils auront appris. Si vous avez sous le coude un nouveau lapin malhonnête, un pigeon véreux, un Cahuzac, un Buisson, c'est le moment de le sortir de votre chapeau.

Libre à vous.

Je signale quand même que la France, qui a réussi, non sans mal, à être sélectionnée pour la Coupe du monde de football de 2014 au Brésil, aura jusqu'au 13 juillet pour montrer son talent au monde entier, et nous aurons à ce moment-là besoin de tous les soutiens, toutes les énergies, tous les talents, soudés et solidaires, derrière l'équipe de France et nos si sympathiques sportifs afin de renouveler le miracle de 1998.

En septembre, élections sénatoriales.

Attendons octobre pour sortir les sujets qui fâchent M. Copé.

Le mois d'octobre cependant n'est sûrement pas un mois propice aux nouvelles anxiogènes. On passe à l'heure d'hiver. Les jours diminuent, les nuits sont plus précoces, les nez coulent, les glands tombent, les vieux cassent leur col du fémur. Ce n'est sûrement pas le moment d'en rajouter.

En novembre, après la Toussaint, la fête des morts, arrivera le 11 Novembre, l'Armistice, célébration de la fin de la Première Guerre mondiale. J'espère, et M. Copé sera d'accord avec moi, qu'aucun journaliste digne de ce nom n'aura à cœur de salir l'unité de la France derrière ses valeureux combattants et ses valeurs fondamentales en ce mois qui sera celui de la réconciliation et du souvenir.

Épargnons décembre et sa trêve des confiseurs, quand les enfants, réunis autour du sapin de Noël, attendent les cadeaux, et la paix, et l'espoir de lendemains meilleurs.

En 2015, il sera donc temps de sortir les dossiers sulfureux, en veillant naturellement à ne pas troubler la bonne tenue des différentes élections cantonales et régionales.

Je note par ailleurs que les élections présidentielles de 2017 seront dans le collimateur de chacun, dans le champ de vision de chaque observateur politique et qu'il serait malsain, voire périlleux, de sortir en cette période des affaires navrantes qui ne rendent pas service à la démocratie.

Après 2017, quand la France sera apaisée, quand les perspectives électorales seront écartées, quand les gallinacés souffriront de caries, reparlons du Qatar et des surfacturations avec un M. Copé éloigné, comme nous, de toute arrière-pensée.

Le printemps, c'est maintenant

21 mars 2014

Viens à la maison
Il y a le printemps qui chante

Mon voisin a deux automobiles, une vieille guimbarde qui laisse derrière elle une fumée noire et une voiture toute neuve, essence hybride avec seulement 79 grammes de CO_2 par kilomètre. Lundi dernier, jour de circulation alternée à Paris, il a sorti sa vieille bagnole qui pue. Son immatriculation était impaire.

Les cerisiers sont blancs
Les oiseaux sont contents
Revoilà le printemps

La Russie annexe la Crimée. Aussitôt, deux ministres français annulent une rencontre avec leurs homologues russes. La sanction n'est-elle pas disproportionnée ?

Au printemps au printemps
Et mon cœur et ton cœur
Sont repeints au vin blanc

On reproche au parti de Marine Le Pen d'avoir sur ses listes des gens morts, mourants, atteints d'Alzheimer. Personnellement, ce sont mes candidats préférés au FN.

Y a la route qui s'fait nationale
Et des fourmis qui s'font la malle
C'est le printemps

M. Buisson enregistrait ses conversations avec M. Sarkozy. On crie au scandale. Le vrai scandale était connu avant. C'était que quelqu'un se prétendant gaulliste écoute un extrémiste de droite.

Chantons la chanson du printemps
C'est la saison du bonheur

Comme le temps passe vite. Souvenez-vous, le mois dernier, avant la découverte des différents trafics d'influence, corruption, favoritisme en tout genre, ce qui choquait vraiment M. Copé était l'existence d'un joli livre inoffensif, *Tous à poil*. M. Copé a quand même des indignations très sélectives.

Le grand nettoyage de printemps
À la poubelle tous les grognons
Les rabat-joie les pas contents

Éric Raoult a envoyé en neuf mois 15 000 sextos à une de ses anciennes collaboratrices qui, n'ayant pas cédé à ses avances, a été licenciée. Elle crie au harcèlement sexuel. Éric Raoult plaide le coup de cœur. Un peu d'amour dans une campagne si peu érotique.

Blanche-Neige est fatiguée pauvrette
De recoudre les boutons d'braguette
Des nains qui bandent comme des pur-sang
C'est l'printemps

Philippe Bouvard quitte *Les Grosses Têtes*. Mme Grosse-Paire de Loches est triste. Mme Pleine de Grasse est en deuil. Mlle Touffu de Lamotte en a gros sur la patate. M. Sapan d'Houilles se cache pour pleurer.

Dès qu'il la vit, il fut séduit
Par ses grands yeux et ses vingt ans

Des paléontologues viennent de découvrir une espèce de dinosaure à plumes. Line Renaud n'a pas souhaité réagir.

Les filles sont jolies
Dès que le printemps est là
Mais les serments s'oublient
Dès que le printemps s'en va

L'épouse de Manuel Valls fait sauter le PV d'une amie. Yamina Benguigui cache une partie de son patrimoine.

Au printemps de quoi rêvais-tu
Vieux monde clos comme une orange
Faites que quelque chose change

Le changement, ce sera sûrement un autre jour. En revanche, le printemps, c'est maintenant.

Le printemps est arrivé,
Sors de ta maison[1].

1. Œuvres citées : *Y a le printemps qui chante* (Thomas, Rivat/Bourtayre, François), *Les cerisiers sont blancs* (Vidalin/Bécaud), *Au printemps* (Brel), *C'est le printemps* (Ferré), *Chanson du printemps* (Morey/Churchill, traduction : Dimey), *Le Grand Nettoyage de printemps* (Borne, Brice, Casanova), *C'est le printemps* (Perret), *Printemps d'Alsace* (Gasté/Ledrich), *Dès que le printemps revient* (Plante/Aufray), *Au printemps de quoi rêvais-tu ?* (Ferrat), *Printemps* (Vidalin/Blanes, Fugain).

M. André ne fait pas de politique

28 mars 2014

« Bonjour messieurs dames, que puis-je faire pour vous ? »

Depuis toujours, M. André dit qu'il ne fait pas de politique. Ça ne l'intéresse pas. De toute façon, en tant que commerçant, il ne peut pas se permettre. Il a des clients des deux bords, à gauche et à droite. Il est aimable avec tout le monde. Il est commerçant.

M. André, si vous lui posez la question, se définira comme « apolitique ». Il est partisan du « ni ni ». Ni de gauche ni de gauche. Il a déjà voté centriste. Sans étiquette, quelquefois. À droite, bien sûr. Mais à l'extrême droite, c'est la première fois.

M. André dit qu'il en a assez. Il en a ras le bol. Il est dégoûté. De quoi ? De tout… Les affaires. L'argent sale. Les impôts. L'immigration. Le mariage pour tous, ça a été le pompon.

Oh, bien sûr, quand M. André est dans sa boutique, il reste évasif. « Que ce soit les uns, que ce soit les autres… Tous à mettre dans le même panier. » Généralement, le client acquiesce.

L'autre jour, il a même servi, en souriant, deux homosexuels, très polis. Ça s'est très bien passé. Pas un mot de travers. Pas une allusion. Pas une réflexion. Surtout que les deux messieurs avaient le portefeuille bien garni.

Dimanche dernier, dans la solitude de l'isoloir, M. André a franchi le pas. Il a voté pour l'extrême droite. « Tant pis ! Je m'en fous ! Je me lâche ! De toute façon, ça ne peut pas être pire qu'avec les autres… »

M. André est commerçant. Son commerce est situé sur la principale avenue d'Avignon. Son chiffre d'affaires connaît une croissance significative en juillet quand les rues sont remplies par les festivaliers qui viennent voir du théâtre. Enfin, du théâtre… M. André aime bien le théâtre mais il ne va jamais au festival. Et là, ça n'a rien à voir avec la politique. Il a déjà assisté à des spectacles de toutes sortes et de tous bords. Il est allé voir Jean Roucas au théâtre des Deux Ânes mais, il y a quelques années, il est aussi allé applaudir Roger Hanin. C'est vous dire qu'il a les idées larges.

M. André est embêté. Il commence à se dire que si l'extrême droite passait, il n'est pas sûr que les amateurs de théâtre viendraient en si grand nombre. Il y aura du grabuge, des contestations, des spectacles supprimés. M. André se souvient de 2003. Quand le festival avait été annulé. Il était même allé assister à une assemblée générale. Il avait détesté tout le monde. Ceux qui étaient pour arrêter le festival, ceux qui étaient pour que ça continue. Oh là là ! Des phraseurs, des ergoteurs, des discutailleurs, pas un pour rattraper l'autre. Résultat des courses, sur le plan financier, 2003 fut une très mauvaise année pour lui.

M. André, qui ne fait pas de politique (dans le commerce, on ne peut pas se le permettre), apprécie quand même qu'il y ait des spectacles contre l'argent facile, le capitalisme, la société de consommation. Ça draine un gros public qui vient de partout et qui fait marcher son petit commerce.

M. André ne sait pas très bien ce qu'il va faire dimanche prochain. Il est inquiet. Il verra bien. Bon, M. André préfère penser à autre chose. On vient d'entrer dans sa boutique. M. André reprend son sourire.

« Bonjour messieurs dames, que puis-je faire pour vous ? »

Gouvernement Valls, premier bilan

4 avril 2014

Manuel Valls a été nommé Premier ministre il y a trois jours déjà. Il n'est donc pas prématuré de dresser un premier bilan de son action à la tête du gouvernement. Une première rétrospective. Une sorte de tout premier droit d'inventaire.

Je n'irai pas par quatre chemins. L'heure est à la déception. Aucun problème auquel le pays est confronté n'a été résolu. Aucune annonce d'importance. Le chômage atteint toujours des sommets. La dette ne diminue pas. J'ai toujours mes douleurs lombaires.

Il suffit de lire la presse pour mesurer l'étendue de l'échec. Les critiques pleuvent. De partout. *Libération*, *Le Figaro*, *Le Monde*, *L'Humanité*… La désillusion est à son comble.

Peut-être, et c'est une suggestion que je me permets de faire au président de la République, faudrait-il nommer dès aujourd'hui un tout nouveau Premier ministre.

Il faut taper vite ! Il faut taper fort !

Monsieur le président, résumons les chapitres

précédents : vous avez d'abord essayé un premier Premier ministre, sans doute plein de bonne volonté, sans doute tout à votre service, mais peut-être un peu trop inexpérimenté pour la fonction, un peu trop « maire de Nantes », pas assez chef de gouvernement. Vous l'avez gardé presque deux ans, peut-être un petit peu au-delà de la date de péremption.

Et puis, en début de semaine, vous avez choisi un homme chouchou de la droite. C'était sûrement, à cette époque-là (je parle d'il y a trois jours), une réponse tout à fait appropriée après la Berezina que la gauche avait connue lors des municipales. Mais vous le savez bien, tout va très vite, l'histoire s'accélère… Aujourd'hui, trois jours après, autant dire un siècle, autant dire presque une génération, nous sommes entrés dans une nouvelle période de votre quinquennat, qu'il faut considérer avec un regard neuf. Cette ère nouvelle correspond à la déception considérable suscitée par la nomination de Manuel Valls au poste de Premier ministre.

Il faut agir rondement ! Il faut marquer les esprits !

Le mieux est de rompre au plus tôt. N'attendez pas que *Closer* vous surprenne la nuit, le casque sur la tête, rendant visite à l'un ou l'autre des challengers de Manuel Valls. Rompez dès ce matin. Cassez. Brisez. Congédiez Manuel Valls avec la vélocité dont vous avez fait preuve envers celle que vous aviez présentée il y a peu comme « la femme de votre vie ».

Faites vite. Le temps vous est compté.

Je ne vous connais pas bien mais je vous imagine. Vous risquez de vous attacher. Vous n'aimez pas faire de la peine. Vous n'avez pas le goût du psychodrame. Renvoyez Manuel Valls pendant qu'il est encore temps. Nommez quelqu'un d'autre au poste de Premier ministre. N'importe qui. Celui qui va surprendre. Celui qu'on n'attendait pas. Jean-Luc Mélenchon. Jean-Vincent Placé. Christine Lagarde. José Bové. Laurence Parisot. Mme de Fontenay. Nabilla… Quelqu'un qui puisse faire le buzz pendant quelques jours.

Naturellement, vous ne serez pas obligé de garder cette personnalité très longtemps. Le temps de faire son portrait dans la presse. Et puis, le moment de stupéfaction passé, vous pourrez la remplacer par quelqu'un d'autre qui, encore un temps, occupera à nouveau « C dans l'air », les esprits, les conversations, les journaux.

Montrez, monsieur le président, que vous avez compris le message des urnes. On a besoin de nouveau. On a besoin de neuf. Ce sera la preuve que vous savez rebondir, que vos ressources sont infinies.

Bientôt, monsieur le président, on ne pourra pas faire l'économie d'une véritable réflexion sur la durée du quinquennat. C'est trop long.

Inventons pour le président de la République des mandats de trois ans, de seize mois, de quinze jours. Ainsi, nous serons de façon continue en période électorale, cet intervalle béni où les têtes sont pleines de rêves, de perspectives nouvelles, de promesses de lendemains meilleurs, de baisse des impôts, de diminution des charges, d'augmentation des prestations, d'éradication de la pauvreté. Ne subissons plus la dictature de la réalité.

Passons les vacances à la campagne électorale.

Flamby Attila

11 avril 2014

La nouvelle la plus importante de la semaine ne vous a pas échappé. Le chef de l'État n'y est pas allé par quatre chemins. Il a pris la décision qui s'imposait à ses yeux. Avec force. Avec courage. Avec détermination. Quitte à choquer. Quitte à scandaliser. Quitte à faire grincer les dents. À faire couler les larmes.

La décision a été prise promptement et aussitôt le communiqué est tombé. Comme un couperet. Comme un coup de massue.

On voyait la stupeur sur les visages.

L'incompréhension. Le désespoir.

Ça a été comme un tremblement de terre, un véritable tsunami. Un séisme. Celui qui surprend quand on s'y attend le moins. Celui qu'on n'a pas vu venir.

Les cris, les larmes, le sang.

On ne le croyait pas capable d'une telle violence, d'une telle brutalité.

Car François Hollande a donné un grand coup de pied dans la fourmilière.

Celui qui encore hier était considéré comme mou, indécis, hésitant, confus, n'a pas hésité à montrer qui était le chef.

Manuel Valls n'en est pas revenu. Il a senti la sueur perler sur son front martial et déjà meurtri. Il découvrait enfin à qui il avait affaire. Comme un Columbo portant un imperméable défraîchi, conduisant une guimbarde pourrie pour tromper son monde, cet homme qui deux ans auparavant avait été élu président de la République s'était affublé d'un ventre rebondi, d'un sourire niais et d'une allure bonhomme pour dissimuler la violence inouïe de son autoritarisme.

« Quoi ? s'interrogea l'ambitieux Hispanique. S'il est capable de prendre de telles décisions, alors je ne suis qu'un second, un exécutant, au mieux un collaborateur. »

La stupeur était à son comble. Oui, Flamby dit Fraise des Bois dit M. Petites Blagues dit Capitaine de pédalo dit le Pingouin dit Guimauve le Conquérant dit M. Bricolage dit Pépère dit Édredon dit Fraise Tagada dit Flan à lunettes dit Babar le roi des éléphants montrait tout à coup qu'il était capable de taper du poing sur la table, de surprendre jusqu'à ses proches et que, par conséquent, désormais on avait affaire à Attila, dit le Barbare dit la Terreur dit Robespierre dit l'Épouvantable dit le Sauvage dit Barbe-Bleue dit le Killer dit le Tueur de Tulle dit l'Entulleur.

La nouvelle la plus importante de la semaine ne vous a pas échappé : le président de la République a décidé de priver pendant le Conseil des ministres ses ministres de téléphone afin qu'ils soient concentrés.

Laurent Fabius ne pourra plus envoyer de textos. Ségolène Royal ne pourra plus charger d'applications.

Michel Sapin et Arnaud Montebourg ne pourront plus jouer au Scrabble en ligne.

Demain, on ne pourra plus téléphoner pendant la messe, dans les églises, au théâtre, pendant les représentations, au lycée pendant les examens, dans la salle d'opération pendant les interventions chirurgicales.

Le fascisme est en marche.

Sauf l'amour

25 avril 2014

J'ai reçu une lettre de Françoise. Je ne l'ai jamais rencontrée. Sans doute n'est-elle plus toute jeune puisqu'elle se présente comme une grand-mère. Elle m'écrit de Castelsarrasin.

Françoise est une épistolière. Je ne vais pas vous lire sa lettre en entier. J'en serais gêné. Elle écrit notamment : « Chaque vendredi, j'attends avec impatience votre chronique. Cinq minutes de bonheur, d'émotion, de poésie et d'humanité. » C'est très exagéré. Ma chronique dépasse rarement quatre minutes trente.

Françoise est une auditrice. Sans doute est-elle régulièrement branchée sur France Inter. Ses après-midi, peut-être, elle les passe avec Daniel Mermet, avec Frédéric Lodéon. Elle écoute la radio pour se distraire, pour se venger, se consoler, se détendre, se scandaliser, s'amuser, se connaître.

Françoise est une révoltée. « Je fuis cette société capitaliste, consommatrice de tout, y compris de vies humaines. »

Françoise est une humaniste. « Je continue de croire

envers et contre tout qu'autre chose est possible, que l'être humain est en voie de le devenir. N'a-t-il pas fallu des siècles à celui-ci pour acquérir la position verticale ? »

Françoise est une lectrice. Elle cite Théodore Monod : « On a tout essayé, sauf l'amour. »

Françoise m'envoie un mot d'abord pour m'adresser ses sentiments cordiaux. C'est gentil. Mais dans le fond si elle m'écrit une lettre, c'est parce qu'elle est tourneboulée. Un chauffard, sur la route de campagne longeant sa maisonnette, a manqué tuer son petit chien Milou. Milou a hurlé de douleur. Françoise était tétanisée, au bord de la route. Le chauffard ne s'est pas arrêté. Il a continué à pleine vitesse comme si de rien n'était.

Françoise n'a pas compris… Toute cette violence, cette indifférence, ce mépris pour la vie. Elle était sonnée.

Presque honteuse aussi. Dépitée, confuse de sa tristesse. Elle n'est pas idiote. Elle écoute les informations, elle lit les journaux. Que pèse le destin de Milou à côté des Syriennes violées, des homosexuels fouettés au Nigeria, des enfants victimes de la guerre en Centrafrique ? Françoise n'est pas une mémère à chienchien. Elle est grand-mère. Elle a un chien. Il n'y a que les imbéciles pour se moquer de l'attachement des maîtres à leurs bêtes.

« Je suis consciente qu'il se passe dans le monde des choses bien plus graves, mais voilà un exemple de la violence ordinaire, vous ne croyez pas ? » Françoise cherche un appui, quête un soutien, réclame un réconfort.

Oui, Françoise. Toutes les injustices se rejoignent. Toutes les douleurs sont respectables. Comme le fait dire Pierre Bost à un personnage de Bertrand Tavernier : « Tous les chagrins se ressemblent. »

Françoise conclut sa lettre par un message apaisé. « Après un séjour en clinique vétérinaire, Milou est à mes côtés, handicapé encore, mais il est là. »

Sur le pelage de Milou, je passe ma main caressante. Sur vos deux joues, Françoise, des baisers affectueux, amicaux, fraternels.

Parisianistes !

2 mai 2014

Une fois de plus, France Inter et le service public sont tombés dans leur travers habituel et récurrent : le parisianisme.

Le Louvre, je ne dis pas que ce n'est pas un musée qui n'a pas son petit intérêt, et de plus il est très bien desservi, notamment par les bus 21, 24, 27, 39, 48, 68, 69, 72, 81, 95, mais enfin, pour une œuvre aussi stupéfiante que *La Joconde*, dont le sourire énigmatique illumine mes journées et recouvre la boîte à sucres que j'utilise pour stocker mes médicaments avant de les répartir dans mon pilulier, combien d'œuvres cassées, détruites, tronquées qui sont, sans vergogne, présentées à des touristes innocents qui devraient avoir au moins la possibilité de tronquer également le coût de leur ticket quand les œuvres ne sont pas présentées dans leur intégralité même si, bien sûr, celles-ci certes peuvent avoir leur intérêt pédagogique. Devant la *Vénus de Milo*, je faisais remarquer à mon petit-fils : « Regarde ce qui risque de t'arriver si tu te ronges les ongles ! » Vous voyez, monsieur Cohen, que je ne suis pas le dernier pour pratiquer l'humour.

J'espère, concernant les œuvres endommagées, que la *Victoire de Samothrace*, quand elle sera de nouveau présentée au public après sa restauration, sera exposée avec sa tête que l'on nous cache depuis toujours. Pourquoi (mais peut-être n'est-ce pas assez prestigieux pour vous, monsieur Martinez ?) ne pas vous mettre en relation avec le musée Grévin, qui n'hésiterait certainement pas, pour vous obliger, à fondre Mme de Fontenay ou Stéphane Bern afin de vous permettre de présenter la *Victoire* dans son entièreté.

Mais enfin, revenons au sujet qui m'occupe aujourd'hui, monsieur Martinez, et vous aussi, monsieur Cohen, car vous en êtes hautement responsable : le parisianisme.

Parce que, enfin, monsieur Cohen, pourquoi ne parlez-vous jamais du musée de la Châtaigne qui est situé à Mourjou, au sud-ouest de l'Auvergne et aux confins de l'Aveyron, ouvert les après-midi et fermé le lundi ? Ce n'est pas assez bien pour vous ? Vous craignez d'être taxé de giscardisme ?

Pourquoi, monsieur Cohen, passez-vous sous silence les activités du musée gastronomique du Fromage, de la Vache et de la Gentiane situé à Salers ? Ce musée, monsieur Cohen, offre une dégustation de fromage et de gentiane. Je remarque que le musée du Louvre, pourtant doté de moyens autrement plus conséquents, monsieur Martinez, ne propose pas ce petit geste commercial très appréciable pour le visiteur.

Pourquoi, monsieur Cohen, faites-vous l'impasse sur le musée gastronomique dit « la maison du pâté Hénaff » situé au bourg de Pouldreuzic, dans le Finistère. Fleuron de l'industrie et de la gastronomie bretonnes, la fameuse boîte bleu et jaune, qui est un objet culte et qui accompagne notamment chacun des pique-niques de la famille Moteau de Luçon quand, à bord du *Hardi-Petit*, elle va faire une virée sur Stibiden ou les Logoden, n'a jamais fait l'objet (et je le remarque, et je le regrette, et je le déplore !) de la moindre mention dans la matinale de M. Cohen, n'a jamais eu non plus les honneurs du Louvre. Monsieur Martinez, un peu de sérieux ! Vous ne me direz pas que, sur une surface de 73 000 mètres carrés, vous ne pourriez pas trouver un petit endroit pour rendre hommage à un pâté et à des saucisses fraîches qui nous sont enviés dans le monde entier !

Et le musée du Tire-Bouchon, monsieur Martinez ! Situé à Ménerbes, il présente plus de 1 200 pièces du monde entier, du XVIIe à nos jours. Ce musée qui, non content de prendre des groupes sur réservation, offre à ses visiteurs un parking gratuit. Un parking gratuit, monsieur Martinez ! Ne voyez-vous pas là, monsieur Martinez, une initiative dont vous pourriez vous inspirer ? Quand même ! Si le modeste musée du Tire-Bouchon de Ménerbes, commune de 1 079 habitants, offre gratuitement le parking à ses visiteurs, pourquoi celui situé dans la Ville lumière, qui se prétend être l'un des plus grands musées du monde, n'en fait-il pas autant ?

J'attends des réponses substantielles et argumentées. J'ai dit ce que j'avais à dire !

Tout fout le camp

9 mai 2014

Tout fout le camp.

La gauche tient un discours de droite. Depuis cinq mois, Gérard Depardieu a cessé de boire.

M. Pierre Gattaz, heureusement, est un homme dont la conduite semble être guidée par la volonté de ne jamais décevoir. Il a beaucoup d'idées. Beaucoup de propositions, notamment dans le domaine économique et social. Hélas, trop souvent, il se heurte aux nombreux corporatismes et aux différentes traditions et habitudes qui paralysent, qui… (comment dit-on le dimanche soir à Neuilly quand, de retour de rallye, on discute entre amis ?) qui sclérosent la société française.

Après avoir judicieusement proposé la suppression du régime d'indemnisation chômage pour les intermittents du spectacle, après avoir adroitement suggéré de créer en France un salaire inférieur au SMIC, M. Gattaz, c'est *Le Canard enchaîné* qui vient de nous l'apprendre, a, en tant que patron de Radiall, augmenté son salaire personnel de 29 % en 2013. En tant que patron de Radiall. On ne doute pas qu'il puisse également toucher des compensations financières en tant que président de la Fédération des industries électriques, électroniques et de communication et président du Medef.

Des spécialistes en économie nous expliquent, en long, en large et de travers, que ce n'est pas du tout anormal, que ce n'est pas exagéré, que c'est dans l'ordre des choses. Sans doute. D'autant que le pire n'est jamais loin. M. Arnaud Lagardère, dont la principale qualité est quand même d'avoir été le fils unique de Jean-Luc Lagardère, touchera 16,6 millions cette année. En assemblée générale, un petit actionnaire, rebelle, insoumis, espiègle, mutin, n'a pas hésité à lui reprocher de ne pas l'avoir invité à son mariage, comme il l'avait promis. Pas un mot sur les 16,6 millions. Puisqu'on vous dit que c'est normal et que M. Gattaz n'est qu'un gagne-petit, tout juste classé 341e fortune de France en 2013 selon le magazine *Challenges*.

On voit bien que, dans ce contexte, le scandale est bien de ne pas pouvoir payer un employé en dessous du SMIC et de ne pas se débarrasser de tous ces intermittents, jamais contents, qui minent dangereusement l'économie française.

Nouvellement élu président du Medef, M. Gattaz avait demandé une baisse de 100 milliards d'euros d'impôts et de charges pesant sur les entreprises afin qu'elles ne soient plus « asphyxiées, ligotées, terrorisées ». Si M. Gattaz a réussi à augmenter son salaire de 29 %, c'est probablement parce qu'il se sent un peu moins « asphyxié, ligoté, terrorisé ». Considérons donc cette augmentation de 29 % comme un signe d'amélioration de la situation dont nous ne pouvons que nous réjouir.

Ne négligeons aucune piste. Faisons preuve d'imagination. Mais surtout, cessons de culpabiliser les riches. Par ailleurs, ne rejetons pas *a priori* l'esclavagisme qui pourrait être une solution d'avenir afin d'occuper tant d'inactifs.

Depuis que M. Gattaz a été élu président du Medef, Laurence Parisot critique volontiers l'ultralibéralisme de son successeur. Elle fait un peu figure de dangereuse gauchiste, une sorte d'Arlette Laguiller sous un foulard Hermès.

Tout fout le camp, je vous disais.

Le parapluie d'Angela, le retour

16 mai 2014

Je ne suis pas ennemi du *mea culpa*. C'est le problème de commenter l'actualité à chaud. On risque chaque fois de dire des bêtises. Je vous dis franchement, heureusement que je ne viens pas tous les jours chroniquer l'actualité. Je ferais un papier le lundi. Les autres jours de la semaine, je présenterais des excuses, des regrets, ma défense. Le monde est si complexe. On a si vite fait de sembler injuste, partial, odieux. C'est bien, mon introduction, non ? Ça montre une assez grande hauteur de vues de ma part, non ? Je dois donc revenir aujourd'hui sur une de mes précédentes chroniques. Vous voyez de quoi je veux parler ?

C'était en novembre 2009, j'avais évoqué le parapluie d'Angela Merkel. C'était au moment des célébrations à Berlin vingt ans après la chute du mur. Je faisais remarquer que, sous une pluie battante, la chancelière tenait naturellement son parapluie au-dessus de sa tête tandis que l'ignoble Nicolas Sarkozy, ce potentat dédaigneux, ce despote allumé avait besoin d'un serviteur pour lui tenir servilement son pépin.

J'en avais profité à l'époque pour écrire un réquisitoire assez méchant contre l'arrogance, la morgue de l'ancien président de la République. Je soulignais son mépris vis-à-vis des faibles tandis que je vantais la simplicité de la chancelière allemande qui n'avait besoin de personne pour éviter le refroidissement et sauver sa mise en plis.

J'étais partisan alors, sans le savoir, de l'anaphore modeste.

« Moi, président de la République, je me donnerai moi-même un coup de peigne quand j'en aurai besoin.

« Moi, président de la République, je me gratterai moi-même sous les aisselles chaque fois que j'en sentirai le besoin.

« Moi, président de la République, je veillerai à ce que mes collaborateurs cirent eux-mêmes leurs chaussures.

« Moi, président de la République, je tiendrai moi-même mon parapluie. »

Cinq ans plus tard, la semaine dernière, à l'occasion d'une nouvelle rencontre sur une île de la Baltique entre la chancelière allemande et le président français, on a vu à peu près les mêmes photos. Angela Merkel tenait toujours son parapluie, sauf que juste à côté d'elle, cette fois, c'était François Hollande qui avait les bras ballants.

Étant donné que je ne suis pas partisan, que je déteste l'arbitraire, que je suis infatigablement à la recherche de la justesse, de la rectitude, de la vérité, même si parfois elle est cruelle, que de toutes mes forces je combats l'intolérance et le sectarisme, que j'ai le dogmatisme en horreur, je suis bien obligé, même si j'en suis désolé, atteint que je suis dans mes convictions les plus profondes, bafoué jusqu'au tréfonds de ma conscience la plus intime, d'arriver à la conclusion suivante : mais c'est pas possible, mais il fait toujours un temps pourri en Allemagne !

Non, je dis ça parce que, nous, chez nous, ce jour-là, il avait fait beau. Enfin, pas beau, beau, le ciel était un peu couvert par endroits, c'est vrai, mais dans l'ensemble il a pas plu. Voilà.

Demain matin, je ne vous ai pas dit, je vais en Allemagne, je vais voir ma sœur. J'espère qu'on aura du beau temps.

Tu te souviens

23 mai 2014

Tu te souviens de l'humanité ? Son histoire. Ses souffrances. Ses tueries. Des millénaires à se battre, à défendre son territoire, à repousser l'envahisseur. À agrandir les cimetières.

Il fut un temps où l'on donnait aux guerres des petits noms charmants. Guerre des Deux Pierre. Guerre des Amis. Guerre de la Vache. Guerre des Deux Roses. Guerre de Bohême. Guerre des Oranges. On avait le sens de la poésie jusque dans les boucheries.

Tu te souviens de l'Europe ? Sa construction, ses rêves et ses réalités. Pas de jaloux, chacun a eu son petit conflit, chacun a planté ses morts dans des champs de bataille. Guerre d'Espagne. Guerre de Finlande. Guerre de Crimée. Guerre d'Italie. Guerre de Livonie. On apprenait sa géographie en perdant un œil, un bras, une jambe. Sa vie.

Tu te souviens de la liberté, l'égalité, la fraternité ? Du temps où les seigneurs, les curés, les patrons avaient tous les droits. Du temps des serfs, de monsieur le comte, de notre bon maître. Du temps des enfants dans les mines, des journées de douze heures, des semaines sans dimanche, des étés sans soleil, des lendemains sans espoir.

Tu te souviens de la politique ? Quand on voulait changer le monde. Quand on refusait la résignation. Quand Robespierre, dans son discours sur l'organisation des gardes nationales, prononçait pour la première fois : « Liberté, égalité, fraternité. » Quand dans *L'Aurore* Zola écrivait « J'accuse ». Quand à Londres un général pris pour un fou, un hystérique, un halluciné, déclarait qu'il était la France.

Tu te souviens de la liberté de vote ? En Arabie Saoudite, en Birmanie, au Vatican, le droit de vote n'existe pas. En Arabie Saoudite, on ne dit pas : « Tous pourris », on serait condamné à mort. On ne dit pas : « Que ce soient les uns que ce soient les autres… » Il n'y a que les uns. Les autres sont muets, bâillonnés, emprisonnés. Ou ils sont morts.

Tu te souviens d'une belle idée, piétinée, écrasée, foulée par les égoïsmes, les médiocrités et les nationalismes ?

Tu te souviens ?

Lorsque je m'adresse à moi-même, je me tutoie. Parfois, je me pose des questions, déconcerté que je suis devant le matériel électoral et les différentes professions de foi.

Tu te souviens d'Erasmus et des jeunes qui ont pour mission de faire en sorte que les lendemains chantent un peu moins faux ?

Tu te souviens ?

Tu te souviens de Beethoven ?

*(On entend l'*Hymne à la joie.*)*

Le Soleil a cinquante ans[1]

30 mai 2014

Le Soleil a cinquante ans. Mais il est né avant.

Il brille depuis Aristophane. Depuis Sophocle. Depuis Eschyle et Euripide. Il rayonne depuis les débuts de la civilisation. Peut-être même avant.

La vie, la mort, l'amour comme sur un plateau.

Sur les hauteurs d'Athènes, une petite gardienne de troupeaux se raconte des histoires. Elle se prénomme Ariane. Cette colline est une montagne. Ce ruisseau est un fleuve infranchissable. Mon papa, berger de son état, est le roi. Mes sœurs sont parfois des elfes, parfois des sorcières. Ce morceau de chiffon arraché d'un sac de blé est une robe de déesse, cette tige de bambou une baguette magique.

Le sang, les larmes, le rire comme dans un théâtre.

Je soupçonne Shakespeare d'avoir été un enfant.

Je suspecte Molière d'avoir été un garnement.

On dirait que je serais mort. On dirait que tu serais une princesse. On dirait que je ressusciterais. On dirait

1. Ariane Mnouchkine, metteur en scène et fondatrice en 1964 du Théâtre du Soleil, était ce matin-là l'invitée de Patrick Cohen.

qu'on s'aimerait. On dirait qu'on se tuerait. On dirait qu'on voyagerait dans l'espace et le temps. On dirait… On dirait…

Le Soleil réchauffe depuis l'enfance. Peut-être même avant.

Un qui joue. Un qui regarde.

Un qui raconte. Un qui écoute.

Un qui danse. Un qui admire.

Celui qui danse, demain, regardera.

Celui qui regarde demain dansera son existence.

Ce n'est jamais fini. Ce n'est jamais borné, jamais accompli. C'est à recommencer, à refaire, à répéter, à réinventer jour après jour, soir après soir, nuit après nuit, vie après vie.

Le Soleil enflamme depuis une éternité. Peut-être même avant.

Et tout d'un coup, le monde se réinvente. Et tout d'un coup, le ciel se clarifie. Et tout d'un coup, et tout d'un coup, le théâtre bouleverse.

Cet art déficitaire est sans doute le plus riche. Cet art des origines n'est jamais aussi dépassé que lorsqu'il cherche à faire moderne. Jamais aussi ringard que lorsqu'il tente de faire l'original.

Le Soleil éclaire depuis toujours. Peut-être même avant.

Au moment où la politique nous désespère, au moment où les élections nous démoralisent, il reste le théâtre et Ariane, cette petite gardienne de troupeaux sur les hauteurs d'Athènes. Je ne vous cache pas qu'elle est un peu autoritaire parfois, un peu intransigeante de temps en temps.

Elle a cinq ans, elle veut qu'on lui raconte des histoires. *Ariane ou l'Âge d'or.* Salut, Caubère. Salut, Ariane. Salut, Philippe. *L'Âge d'or.* Salut, Mnouchkine qui nous intime l'ordre de ne pas glisser dans la résignation, qui nous somme de ne pas sombrer dans l'égoïsme.

Parce que, au moment où la réalité nous accable, où l'avenir nous inquiète, Ariane, la petite bergère sur les hauteurs d'Athènes, est une conscience.

Il fut un temps où des beaux esprits ont cru s'affranchir du partage, de la solidarité, de toutes ces notions tellement années soixante-dix, tellement dépassées, tellement baba cool, qui avaient fait leur temps mais que le Soleil n'a jamais cessé de mettre en avant.

« Création collective », ça faisait rigoler. On encensait le créateur. On moquait la collectivité. Même si on savait bien que l'invention ne pouvait être que communautaire, il était plus simple, plus gratifiant, de penser qu'il ne pouvait y avoir qu'un seul créateur.

Le Soleil a cinquante ans. Mais il est né avant. Fasse qu'il réchauffe, qu'il brille, qu'il éclaire, qu'il allume, qu'il embrase, qu'il enflamme, qu'il brûle encore longtemps, longtemps, longtemps, longtemps…

La rue du 6-Juin

6 juin 2014

À Flers-de-l'Orne, quand vous partez de la place des 5-Becs qui est devenue la place du Général-de-Gaulle et que vous allez vers la gare, vous passez forcément par la rue du 6-Juin. C'est là qu'il y avait le grand magasin Printania dans les années soixante. C'est là qu'il fallait se mettre jadis, pour admirer les chars, le jour du carnaval.

La rue du 6-Juin est à mon avis la rue la plus emblématique de Flers-de-l'Orne.

Oh, bien sûr, je pourrais signaler la rue du 6-Juin de Condé-sur-Noireau. Je ne vous dis pas qu'elle n'a pas son petit intérêt. Elle se trouve entre la rue Dumont-d'Urville et l'avenue de Verdun. Mais je la connais moins, et puis elle est plus petite.

Elle ne pourra jamais atteindre la réputation de la rue du 6-Juin de Flers-de-l'Orne où de temps en temps, quand le feu était au rouge et que ça circulait mal à cause de la pluie, on pouvait rester immobilisé pas moins de quarante-cinq secondes. Parfois, vers midi, à la pause déjeuner, au sortir des usines et des magasins, il pouvait se créer des embouteillages de douze, quatorze voitures même. « Un petit Paris », disait tonton Marcel.

La rue du 6-Juin d'Argentan, si vous la cherchez, ce n'est pas compliqué, elle se trouve entre la route d'Urou et la route d'Almenêches. Vous ne pouvez pas vous tromper.

Mais la rue du 6-Juin de Flers-de-l'Orne, on a beau dire, c'est quand même la plus prestigieuse, la mieux mise en valeur. Elle va de De Gaulle à Leclerc. Elle s'étend de la place d'un général à la place d'un autre général. Elle ne peut pas être mieux encadrée. Un chroniqueur vedette de France Inter régulièrement va y acheter ses slips. Ben oui, quand je vais chez ma mère, et que j'ai pas prévu assez de change.

À Vire, vous n'avez pas de rue du 6-Juin. En revanche, vous avez la place du 6-Juin. Elle est très commerçante, la place du 6-Juin de Vire, je ne dis pas le contraire : cosmétique, appareils photo, sans compter la Mie Câline.

Elle est très commerçante, la place du 6-Juin de Vire, je suis d'accord avec vous, mais pas aussi commerçante que la rue du 6-Juin de Flers. Parce que vous avez de tout dans la rue du 6-Juin de Flers. Opticiens, téléphonie, prêt-à-porter masculin et féminin, salon de coiffure, agence de voyages, bijoutier, cosmétiques, sans compter la Caisse d'Épargne et le Crédit immobilier de France.

L'avenue du 6-Juin de Lisieux, je le concède, n'est pas la plus mal lotie. Elle part de la route de Caen, elle court jusqu'à la rue Henry-Chéron. Elle s'enorgueillit à juste titre de plusieurs restaurants et d'une clinique vétérinaire. Mais elle a subi sur une trop longue période un programme de rénovation de voirie qui a mis dangereusement en difficulté les commerçants de l'avenue du 6-Juin de Lisieux.

Alors que la rue du 6-Juin de Flers, jamais un mot plus haut que l'autre. Elle descend tranquillement vers la rue Schnetz et la rue de Domfront. Elle remonte sereinement vers la rue Henri-Véniard et la route de Paris. Elle a l'évidence de celle qui se sait parfaitement à sa place, modeste autant qu'indispensable, discrète autant que nécessaire.

Bien sûr l'avenue du 6-Juin de Caen est également glorieuse mais Caen est une capitale, Caen est une métropole, c'est une mégalopole, une mégacité, une mégapole. On ne peut pas concurrencer.

Quand on passe dans ces rues du 6-Juin, à Flers, à Condé-sur-Noireau, à Argentan, à Lisieux, même à Caen, on ne devrait pas complètement oublier ceux qui ont trouvé la mort lors des bombardements alliés. Comment on fait pour se réjouir de la Libération quand on voit sa ville détruite, anéantie ? Comment on fait pour fêter la victoire quand on vient de perdre un ami, une sœur, un voisin ? Comment on fait son deuil quand le chagrin personnel vient s'entrechoquer avec la joie collective ?

Les rues du 6-Juin, entre nous, sont les rues de la pudeur et des souffrances cachées, de la douleur, de la discrétion et de la retenue.

Je sais bien, je sais bien : tout n'était pas mieux avant

13 juin 2014

Léon Blum, dont le mandat en ce mois de janvier 1947 vient de se conclure, a confié à quelques-uns de ses amis que désormais il profiterait de son expérience passée en tant que président de la République afin de faire des conférences internationales et ainsi s'en mettre plein les fouilles.

L'hebdomadaire *Ici Paris* a photographié le général de Gaulle sur un Solex, rendant visite à l'une de ses petites amies. Le général de Gaulle, face à Michel Droit, a rappelé avec beaucoup de gravité que la vie personnelle devait rester personnelle. L'actrice Simone Valère a obtenu deux millions d'anciens francs du magazine à sensation. Mme Yvonne de Gaulle, quant à elle, a été immédiatement congédiée de l'Élysée. On se souvient que le Général, quelques mois auparavant, avait indiqué à la presse qu'Yvonne était la femme de sa vie.

M. Édouard Ramonet, telle une figure de mode, a posé dans un tricot de peau de type marcel pour *Jours de France* afin de défendre l'industrie textile française qui n'en demandait pas tant !

Mme Irène Joliot-Curie, sous-secrétaire d'État à la recherche scientifique, vient de confier à *Paris-soir* quelques clichés de son accouchement. Nous lui présentons tous nos vœux de bonheur.

Mme Simone Veil, membre du gouvernement de M. Raymond Barre, a convié le magazine *Le Point* pour dire tout le mal qu'elle pensait de Mme Françoise Giroud.

Mme Françoise Giroud, pour sa part, vient d'écrire un papier assassin dans *L'Express* sur ses collègues du gouvernement. Elle s'en prend notamment à Mme Simone Veil dont elle moque le conservatisme et les chignons.

Mmes Veil et Giroud ont déclaré que leurs propos avaient été déformés, retirés de leur contexte et qu'il s'agissait d'humour, puis ont à nouveau échangé des noms d'oiseaux.

Tandis que le président Giscard d'Estaing a demandé à chacun lors du Conseil des ministres de faire preuve de solidarité gouvernementale, il aurait étrangement été surpris en train d'uriner dans un stradivarius.

Au lendemain des élections législatives qui ont vu la poussée de Jean-Marie Le Pen, Mme Anne-Aymone Giscard d'Estaing, épouse de l'ancien président de la République, ne décolère pas contre le successeur de son mari. Elle a envoyé un courrier à toutes ses amies pour leur signifier que « la montée du FN est le résultat de la nullité abyssale de votre ami le pingouin ». Le président Mitterrand (prononcer Mitrand) appréciera.

Je sais bien, je sais bien : tout n'était pas mieux avant. Mais une certaine élégance ne se serait-elle pas perdue en route ?

Un rien de distinction, un soupçon de raffinement, une once de tenue…

Je vous promets, je fais tout ce que je peux pour ne pas apparaître comme un vieux con.

Parfois, c'est dur.

Soyez un peu punk !

20 juin 2014

Un vent de folie s'est emparé de France Inter depuis début juin et je ne sais pas si l'auditeur de la station se rend tout à fait compte de ce qui est en train de se produire.

Patrick Cohen est méconnaissable. On le voit parcourir les couloirs de France Inter dans les tenues les plus négligées. Lui jadis tout en maintien, tout en élégance, tout en retenue, arrive désormais le polo légèrement sorti de son pantalon curieusement fermé avec une épingle de nourrice. Généralement, il tient un pack de bières à la main. Ce matin, il a vomi à qui mieux mieux son Heineken à la face de Dominique Seux qui lui-même venait de taguer sur les murs du studio du « 7-9 » l'inscription « No future ! ».

« Tu as raison, a dit Clara Dupont-Monod, débarquant dans ses Dr Martens, ras le bol de cette société bourgeoise de merde ! »

Clara aussi a bien changé. Outrageusement maquillée, elle a dorénavant le teint blafard, du khôl sur les yeux, la bouche rouge vermillon. Elle ne se balade plus sans son rat, une horreur appelée Spunky qui lui mordille l'oreille. Tranquillement, comme si de rien n'était, elle s'injecte un peu d'héroïne dans les veines puis, bonne camarade, passe sa seringue à Thomas Legrand qui s'exclame dans un sanglot : « En vrai, les bobos sont des salauds, des collabos pas beaux du monde capitalo ! »

L'accoutrement de Bernard Guetta surprend jusqu'aux personnels de sécurité qui rechignent à le laisser entrer dans la Maison ronde. Bernard, dont la seule extravagance vestimentaire fut d'avoir porté, un soir d'élection, un badge agrafé sur son imper mastic « I love Europe », arbore dorénavant des jarretières sur un jean déchiré tandis qu'un cadenas à l'entrejambe sait mettre en valeur sa virilité extrême et considérablement provocante.

Ce qui a déclenché ce mouvement est naturellement l'interview que notre nouvelle directrice, Laurence Bloch, a donnée récemment au journal *Le Monde*. Sa déclaration a été ressentie comme un coup de tonnerre, plus précisément comme un séisme de forte magnitude, exactement comme un tremblement de terre, forcément imprévisible, forcément destructeur : « Dans une société atone, morose, France Inter doit détonner, il lui faut du tempérament, une dose de mauvais goût, de l'audace. Soyez un peu punk ! »

« Soyez un peu punk ! », l'injonction faite aux animateurs, aux producteurs de la station pilote de Radio France provoqua le trouble, la stupéfaction, l'inquiétude, l'incompréhension.

« Ça veut dire quoi, punk ? » gémissait Frédéric Lodéon, anéanti, brisé, réfugié au café Les Ondes qui en la circonstance prenait des airs de Fort Alamo. « Ça veut dire quoi, punk ? » interrogeait Frédéric Lodéon, craignant la violence, la vulgarité, la barbarie d'un monde sans Beethoven, sans Liszt et sans Chopin.

« Soyez un peu punk ! » Frédéric Mitterrand, comme un chant du cygne, avant de faire ses adieux à la chaîne s'est fait mettre un piercing sur une partie de son anatomie restée secrète. Le piercing se serait dangereusement infecté. Aussitôt, Frédéric a été hospitalisé. Ses jours ne seraient pas en danger.

Pour sa part, Laurence Bloch, voulant donner l'exemple, est allée la première chez Carita pour changer son look. Elle arbore aujourd'hui une crête iroquoise teinte en violet d'un côté, orange de l'autre. Soyons juste, Laurence a souvent des coiffures singulières et cette nouvelle coupe aurait plutôt tendance à modifier son physique de façon avantageuse.

Personnellement, je fais des efforts pour épouser le style punk mais franchement, ça ne m'est pas encore tout à fait naturel. Pourra-t-il convenir à beaucoup de monde au sein de la Maison ronde ? C'est ce que les prochaines semaines vont nous apprendre.

Vive ma France !

27 juin 2014

Mardi dernier, en prenant mon café du matin, j'écoutais avec plaisir, chez Pascale Clark, Alain Souchon. À un moment donné, il a tenu un propos étonnant : « On dirait que les Français n'aiment pas la France. »

Incroyable, non ? Parce que cette phrase patriotique, que l'on aurait pu imaginer jadis dans la bouche d'Yves Guéna, de Philippe Séguin, elle aurait été inconcevable dans celles de Léo Ferré, de Georges Brassens.

Qu'est-ce qui a changé ?

« On dirait que les Français n'aiment pas la France. » Aujourd'hui, le patriotisme est donc exprimé par un poète, par quelqu'un qu'on ne connaît pas personnellement mais qui a une vraie tête de copain.

Dans tous les discours du parti d'extrême droite, quoi qu'ils en disent, le patriotisme est piétiné, bafoué. Tout est rejeté par Marine Le Pen. Rien ne trouve grâce à l'œil de Jean-Marie Le Pen. Il y a des années, celui-ci était allé à Sète pour tenter de récupérer Brassens comme on va profaner un cimetière. Pour avoir les faveurs du Front national, il est préférable d'être mort.

Si les frontistes préfèrent les morts aux vivants, c'est qu'ils sont sûrement moins enclins à se défendre, à apporter la contestation. Aujourd'hui, ils veulent même enrôler de Gaulle, l'ancien ennemi farouche de cette droite extrême. Demain, ils se réclameront de Coluche, de Desproges, de Jean Yanne, de Jaurès, de Zola, de Hugo. Ils osent tout. C'est même à ça qu'on les reconnaît.

Je voudrais pour mon dernier matin de la saison faire une chronique patriotique. Vous dire que j'aime la France. Et que non, ce n'est pas si ridicule d'aimer la France. Elle est si belle, si contrastée, si chaleureuse. Je ne plaisante pas. Je la sillonne, la France, toute l'année. Et aimer la France, pour moi, ça n'a rien à voir avec se mettre au garde-à-vous et réciter par cœur les paroles de *La Marseillaise*. C'est se souvenir de visages, de rencontres, de discussions, de rigolades, à Alès, à Brest, à Vannes, à Laval, à Annecy, à Argentan, Valenciennes, Hazebrouck, Château-Arnoux, à Saint-Nazaire, Paris, Cesson-Sévigné... C'est se souvenir de moments forts vécus à la Maison de Gardanne ou à l'école élémentaire les Floralies à Aix-en-Provence.

Aimer la France, c'est lire le livre *Réparer les vivants* de Maylis de Kerangal. Être emporté par une écriture précise, juste, bouleversante. C'est regarder un dessin de Sempé en se demandant si on doit rire ou être ému. C'est écouter Albin de la Simone chanter « Quoi ma gueule qu'est-ce qu'elle a ma gueule » avec une fragilité désarmante.

Aimer la France, pour moi, c'est entendre Juliette, sa générosité, son humour, son incroyable musicalité. C'est lire chaque semaine les chroniques de Patrick Pelloux dans *Charlie Hebdo*. Comprendre son empathie, sa tristesse parfois, ses révoltes. C'est découvrir, incrédule, un dessin de Charb, de Cabu. C'est entrer dans un nouveau théâtre à Albi. C'est découvrir Grégory Gadebois sur une scène. C'est voir un nouveau spectacle de Sivadier, de Pommerat. C'est attendre avec impatience la nouvelle saison des *Revenants*. C'est s'enthousiasmer de l'honneur que l'Académie américaine des arts et des sciences a rendu cette année à Michel Broué sans comprendre le moindre début de commencement de ses recherches mathématiques.

C'est admirer les gens du DAL, les bénévoles des Restaurants du Cœur, de SOS Amitié, de tant d'associations de bonnes volontés, d'humanismes qui ne se résignent pas à voir gagner l'indifférence, le mépris, le rejet de l'autre.

C'est tellement de choses encore, tellement de parfums, de sensations, d'images. Allez, on peut bien le dire. Pour conclure cette année, avant de vous retrouver le 29 août, même endroit, même heure.

Allez oui, je le dis : Vive ma République ! Vive ma France !

Comme un repère au milieu d'un océan en furie

29 août 2014

Eh bien, ma chère et vieille France Inter, nous voilà donc encore une fois ensemble, devant une lourde épreuve, en vertu du mandat que Philippe Val m'a donné et que Laurence Bloch a renouvelé, de la légitimité nationale que j'incarne depuis six ans, je demande à tous et à toutes de me soutenir, quoi qu'il arrive.

Lorsque je suis arrivé, les plus jeunes ne peuvent pas s'en souvenir, j'étais encore dans la force de l'âge. J'avais la quarantaine triomphante, le regard fier, la mèche arrogante et le sourire aux lèvres. Aujourd'hui, le teint est fané, le sourire est brouillé, la mine est déconfite.

Le cheveu est plus rare. Le regard est plus sombre. Le cœur est plus mouillé. L'obligation de porter une vision décalée sur l'actualité n'est pas une sinécure, n'est pas une surpiqûre, n'est pas une manucure (pourquoi serait-ce une manucure ?). Moi qui, inconscient vaporeux, me plongeais dans les illustrés pour enfants rêveurs, moi pour qui la presse était d'abord ce qui me permettait de réunir des images fantasmatiques de modèles déshabillés que je découpais sur du papier glacé, j'ai été obligé de m'immerger dans les bulletins les plus austères, les publications les moins affriolantes, afin de tenter de décrypter les soubresauts incohérents d'un monde aux abois, prêt à succomber, à dévisser vers le désordre et le chaos.

Lorsque je suis arrivé (vous n'étiez pas encore là, Cohen… À l'époque vous vous contentiez de faire homme-sandwich sur les chaînes commerciales, n'ayant pas encore subi l'appel impérieux et prestigieux du service public), lorsque je suis arrivé, j'ai accepté de quitter une carrière d'amuseur frivole et virevoltant afin de communiquer mes vues sur le monde, comme un jour de prospection intime, recherchant la sagesse et le sens, on décide d'enfiler un rigoriste habit de bure sur un body-string négligé.

Ce que j'eus à commenter suffirait à assombrir le plus ravi de la crèche. Des attentats, des meurtres, des guerres, des fusillades, des violences… Des reniements, des trahisons, des médiocrités. Cahuzac, DSK, Copé, l'affaire Tapie, l'humour de Brice Hortefeux et la pluie cruelle et incessante tombant sur un président isolé, pathétique, abandonné de tous. Toutes ces catastrophes successives qui jour après jour ont assombri le ciel, ont éloigné l'espoir.

Lorsque je suis arrivé, je n'étais pas encore ce repère au milieu d'un océan en furie, je n'étais pas encore ce phare éclairant la mer tumultueuse, je n'étais pas encore cet amer réconfortant pour marins en difficulté.

Beaucoup de chroniqueurs que j'ai vus débuter, grandir, progresser, sont morts au champ d'honneur de l'humour et de l'impertinence. Grâce éternelle leur soit rendue. Aujourd'hui, fort de ma longévité, de mon assiduité, de ma persévérance, ayant officié sous divers gouvernements de droite, qu'ils soient libéraux ou socialistes, on vient me consulter. « Comment débuter une chronique ? » me questionne un apprenti humoriste. « Comment à la fin d'un papier négocier la chute ? » me demande un chroniqueur en herbe. « Comment de la direction de France Inter obtenir une augmentation ? » m'interroge François Rollin.

Eh bien, je ne sais pas. Je ne sais rien. Mais si je persiste encore, je sens que mon devoir est sans faillir de traquer des réponses, de sonder le réel, d'apporter un peu de baume sur des blessures persistantes, bien qu'il me faille admettre, la mort dans l'âme, qu'il nous sera plus accessible, même si c'est difficile, même si c'est délicat, même si c'est malcommode, de réussir une chronique que de négocier une augmentation de salaire.

Yellow Star

5 septembre 2014

Il y en a qui voient le mal partout. Zara, la chaîne espagnole de magasins de vêtements, avait eu la bonne initiative en août de commercialiser un joli tee-shirt rayé avec une étoile jaune dessus. Un vêtement rayé. Une étoile jaune…

Admettez que les gens ont les idées mal placées. Certains ont trouvé que ça faisait penser un petit peu à cet accessoire porté sur le cœur dans les années quarante, que les Juifs, parmi les plus fashion-victims, arboraient fièrement, parfois même en toute décontraction sur un pyjama rayé. À cette époque, nombreux étaient nos concitoyens qui ne s'offusquaient pas spécialement de cette mode vestimentaire alors très répandue.

Soixante-dix ans après, Zara, donc, sort un tee-shirt rayé avec son étoile jaune. Sans penser à mal. Sans comprendre l'aspect légèrement discutable de cette proposition commerciale.

Quand on prend la peine de réfléchir deux secondes,

on se dit quand même : « C'est surprenant. C'est affligeant. C'est atterrant. »

Parce qu'il ne peut pas y avoir que des imbéciles qui travaillent chez Zara, il doit y avoir aussi pas mal de crétins.

Vous imaginez le nombre de stylistes, de commerciaux, d'attachés de presse, de distributeurs, de représentants de commerce, de commerçants qui ont découvert le tee-shirt sans réagir, sans moufter, sans se dire : « Euh, quand même, c'est peut-être pas d'un goût formidable… »

« Bah », comme dit l'adolescent à qui l'on demande si de Gaulle était né avant Napoléon ou après : « Excuse-moi mais, je te signale, j'étais pas né. »

Ben ouais. On n'a pas besoin d'avoir une mémoire personnelle, une petite culture qu'on se fabriquerait soi-même, puisque dans notre minuscule téléphone portable sont concentrés plus d'informations, de connaissances, de savoirs que la Bibliothèque nationale de France et la Bibliothèque du Congrès de Washington réunies.

Pour peu qu'on soit né après les années quatre-vingt-dix, il est normal qu'on ne connaisse ni Victor Hugo, ni Albert Camus, ni même Serge Gainsbourg qui en 1975 sortait sa chanson *Yellow Star*. Il se souvenait d'un petit garçon apeuré, angoissé, appelé Lucien Ginsburg, lorsqu'il tentait de fuir une réalité effrayante en s'imaginant que cette étoile qu'on l'obligeait à porter était en réalité une étoile de shérif qui faisait de lui un héros, un justicier, un *big chief*.

C'est également l'étoile jaune du shérif qu'a évoquée la direction de Zara pour se justifier.

Il y a quelques années, quand Zara avait déjà commercialisé un imprimé avec dessus une croix gammée, la direction avait alors dit : « Pas du tout, il s'agit juste d'un svastika indien. »

La prochaine fois, commercialisez un tattoo avec un numéro à imprimer sur l'avant-bras, vous direz que c'est pour évoquer le numéro gagnant du Loto.

(On entend Yellow Star *de Serge Gainsbourg.)*

Le livre de Valérie T.

12 septembre 2014

Il y a des sujets à côté desquels un chroniqueur ne peut pas passer. Comme une sorte d'obligation d'en parler. Un devoir déontologique quasiment. Je suis comme les autres. Je fais mon miel de l'actualité surtout quand elle est un peu scandaleuse.

Bien sûr, dès que j'en aurai parlé, on m'en fera le reproche. « Alors lui aussi, il fait comme tout le monde, il est pas mieux que les autres, il y a quand même des sujets plus importants. Parce que toutes ces histoires, ça n'intéresse pas les Français », disent en chœur les Français qui se précipitent sur l'ouvrage en question.

Mais si je n'en parlais pas, c'est moi qui me ferais traiter de faux cul. On dirait : « Dommage. Il a la trouille. Il est complaisant. Ah, l'ordure ! Si ça avait été Carla Bruni qui avait écrit un bouquin sur Sarkozy, on imagine, le salaud, comment il les aurait allumés. »

J'ai donc décidé de consacrer ma chronique à votre livre, Valérie Trierweiler. Je vous dis franchement, je ne voulais pas l'acheter. Je suis donc allé à la médiathèque la plus proche de chez moi.

J'ai cherché l'ouvrage dans les rayons. Tourgueniev… Tournier… Trierweiler. Tout de suite, je suis tombé dessus. J'étais un peu surpris. Je pensais qu'il y aurait une liste d'attente. Pas du tout…

Parce que, alors, on me parle de succès exceptionnel qui va considérablement vous enrichir… Il semblerait que, là où j'habite, on soit très nettement passé à côté du phénomène. Sur la dernière page, j'ai vu que le livre avait été très peu emprunté. Pour être totalement exact, une seule fois. Il se trouve que je connais le lecteur en question puisque c'était un voisin. Un vieux militant socialiste, autrefois mermazien et aujourd'hui décédé.

Le livre, comment vous dire… Il est comme il est. Valérie, par moments vous vous essayez à la rigolade légère, mais on voit bien que ce n'est pas forcément votre spécialité. Page 12 : « Enfin les vacances ! François ne décroche pas. Sauf le téléphone ! »

Bon, si un jour Marion, l'assistante de Patrick, a la curieuse idée de vous proposer la carte blanche humoristique du jeudi, il faudra qu'elle vous prévienne suffisamment à l'avance car j'ai l'impression que chez vous l'humour n'est pas une seconde nature.

Page 50, Valérie, vous écrivez : « Brive, son rugby, sa foire du livre. Comme chaque année, nous allons à ce Salon du livre. J'aime ce moment-là. Être au milieu des livres. » La répétition du mot « livre » en si peu de lignes, c'est un peu lourd, Valérie. La première journaliste de France que vous étiez n'était sans doute pas la plus grande styliste.

Page 53, je lis : « Après s'être affrontés pendant la primaire, François, Montebourg et Valls se comportent comme trois vieux copains. » Valérie, franchement, vous nous prenez pour qui ? Même en gardant un fond de candeur, un reste de naïveté, nous servir « Oui-Oui au pays de la Politique », c'est un peu beaucoup. Faut pas nous prendre pour des brêles, Valérie. On sait bien que la politique, c'est le combat, la violence, les coups tordus. Peut-être même la réunion d'ambitions exacerbées. Peut-être même le lieu de rancœurs, de violences inouïes. Si ça se trouve.

Le soir de la victoire de 2012, vous écrivez : « Je me retiens mais l'émotion est là. Mes larmes s'arrêtent à la frontière du [trois petits points] mascara. »

Trois petits points encore une fois, sans doute l'expression de votre humour qu'il faudra sans doute muscler un peu au cas où vous passeriez un jeudi matin.

« Je me retiens mais l'émotion est là. Mes larmes s'arrêtent à la frontière du [trois petits points] mascara. »

Bon. Il paraît que vous faites des chroniques littéraires dans *Paris Match*. Elles doivent être assez chouettes dans le sens où sûrement elles sont faciles à comprendre.

Voilà, Valérie, pour être franc, je trouve que ça manque un peu de distance, tout ça.

Je rappelle le titre de votre livre, *François Hollande président, 400 jours dans les coulisses d'une victoire* aux Éditions du Cherche-Midi, prix 19,80 euros, publié en 2012. Je ne sais pas pourquoi on en fait tant de foin aujourd'hui, hagiographie quand même un peu affligeante de banalité, mais qui sans doute a dû réjouir quelques heures mon ancien voisin, ancien mermazien, socialiste convaincu, aujourd'hui mort. Mort et enterré. Comme un espoir plus que déçu, piétiné, humilié, assassiné.

Le Monde a soixante-dix ans, *L'Orne combattante* aussi

19 septembre 2014

Encore une fois, je suis désolé de le dire, monsieur Cohen, le « 7-9 » tombe dans son péché mignon, dans ses abominables travers, donnant à ses ennemis le bâton pour le battre : le parisianisme ! Enfin quoi, une émission spéciale pour *Le Monde* ! Je ne dis pas que ce quotidien ne mérite pas une petite mention, mais enfin pourquoi lui consacrer autant d'importance quand on omet d'évoquer un autre anniversaire qui, j'aime autant vous le dire, a au moins autant de résonance dans cette région située entre Caligny et Landisacq, entre Beauchêne et Saint-Georges-des-Groseillers, entre Putanges et Saint-Cornier-des-Landes, entre Tinchebray et La Lande-Patry, je veux naturellement parler de *L'Orne combattante*, qui fête pareillement ses soixante-dix ans, événement que, je crois bien, monsieur Cohen, vous aviez l'intention de passer sous silence.

Je remarque, par ailleurs, que nombre d'informations développées dans *L'Orne combattante* ne sont pas relayées par les grands quotidiens nationaux. Pourquoi ? J'attends, fébrile, des réponses circonstanciées, tandis que l'abominable nuage de la censure assombrit déjà notre soif de connaissances et de libertés.

À Condé-sur-Noireau, le quartier du Mesnil est envahi par les chats errants. Chaque année, de nouvelles portées augmentent la population féline qui gravite autour de quelques immeubles. Pas un mot dans *Le Monde*. Pas même un entrefilet. Les véritables préoccupations des Français, visiblement, ne concernent pas certains journalistes enfermés dans leur tour d'ivoire.

Sur le mont de Cerisy-Belle-Étoile, le dimanche 7 septembre, a eu lieu un barbecue festif. J'ai naturellement épluché scrupuleusement chaque édition du *Monde* depuis ce 7 septembre, notamment ses pages culturelles, j'ai également écouté tous les journaux de France Inter, rien, pas un mot, pas une brève, pas un entrefilet. Belle conception de l'information pluraliste.

Je note également que *Le Monde* n'a jamais signalé que l'avenue de la Libération de Flers-de-l'Orne était provisoirement en sens unique dans sa partie montante, entre le rond-point du magasin Carrefour et celui de la route de Cerisy. Dans ces moments difficiles où les concitoyens de notre pays ont besoin de repères clairs, dans cette période historique si troublée où chacun a besoin de comprendre où il va, quel est le chemin à suivre, quelle est la direction à prendre, il est regrettable que seule *L'Orne combattante* ait le courage de sortir une information si tangible et nécessaire.

J'observe enfin que, concernant la tournée internationale de MM. Dominique Besnehard et François Morel qui, ce samedi 20 septembre, parcourront la Basse-Normandie, caracolant du cinéma Le Basselin à Vire dans le Calvados jusqu'au cinéma les 4-Vikings de Flers-de-l'Orne afin de présenter en avant-première le film de Jean-Michel Ribes *Brèves de comptoir*, aucune annonce dans *Le Monde*, silence radio à France Inter. J'aime autant vous dire, messieurs, que vos lecteurs et auditeurs apprécieront…

Nicolus sarkozus agitatus[1]

26 septembre 2014

Au Muséum d'histoire naturelle, quand on voit un animal se battre pour sa propre survie, on se réjouit. Forcément. On ne se résout pas à voir mourir une espèce animale, fût-elle dangereuse, agressive, menaçante. Le *Panthera tigris sumatrae*, le *Puma concolor coryi* et l'*Acinonyx jubatus venaticus*, que les vulgaires appellent le tigre de Sumatra, la panthère de Floride et le guépard asiatique, font partie de notre patrimoine commun. S'ils devaient s'éteindre, c'est un peu de la richesse écologique de notre planète qui disparaîtrait à tout jamais.

Aussi est-il émouvant d'observer une créature se battre pour exister encore.

Le *Nicolus sarkozus agitatus* est un animal vertébré, mammifère qui appartient à l'ordre des grands *politicus*. Il a les dents longues, les oreilles pointues. Il a deux neurones. Peut-être plus. Il vit parfois en eaux troubles. C'est un grand mâle dominant mais de courte taille.

1. Le « 7-9 » avait ce matin-là installé son studio au Muséum d'histoire naturelle.

L'animal tente de se terrer pendant des périodes d'hibernation mais il a du mal à s'y résoudre. Quand il revient, il semble qu'il ne soit jamais parti. Quand il repart, c'est pour réapparaître aussitôt. Il ne parvient pas à s'acclimater à un milieu sans projecteurs, sans caméras. Alors, il quitte régulièrement sa tanière pour courir à l'autre bout du monde où il va de conférence en conférence. Il est attiré par l'odeur de l'argent. Parfois, également, il part écouter chanter sa femelle, dont il apprécie le feulement gracieux, chuchoté, presque inaudible.

Mais ce qui motive véritablement le *Nicolus sarkozus agressus*, c'est le combat. Il n'est jamais aussi à l'aise que dans la bataille, le choc, l'affrontement.

C'est un mâle carnassier. Il effraie, il fait peur, il inquiète, le *Nicolus sarkozus sanguinus*, quand il lèche ses babines devant la perspective d'un duel sans merci.

Car il ne craint personne. Surtout pas ses ennemis naturels, le *Vallsus hibericus* ou le *Flambis hollandis à lunettes mouillées*, et il ne comprend toujours pas comment, deux ans auparavant, cet édredon ramolli, cet entremets insipide, cette fraise des bois sans saveur a pu le vaincre, lui, le roi de la forêt, le seigneur des animaux, le maître de la création, le suprême, l'absolu, le divin, le supérieur à tous.

Mais c'est surtout pour ses proches que le *Nicolus sarkozus cruellus* est le plus féroce. C'est un fauve déguisé en musaraigne. C'est un lion travesti en bigorneau.

Dans sa cage sarthoise, le *Françus fillonus* tourne en rond. Il tente d'aiguiser ses canines et ses incisives émoussées par la rillette et son goût pour la tranquillité et la conciliation, mais sans y parvenir. Et puis l'odeur du sang lui répugne. Il rêve de gagner mais ne voudrait combattre. Il aspire au triomphe mais sans risquer sa peau.

Alors, le seul qui soit vraiment un danger pour le *Nicolus sarkozus cannibalus* se trouve dans sa réserve bordelaise. Il s'agit du *Alanis jupanus degarnitus*. Magnifique et serein, il attend son heure. Il sait qu'elle est venue. Il n'a plus qu'à tendre la patte qui peut caresser ou frapper sans trembler l'importun qui l'attaquerait.

La lutte s'annonce impitoyable.

Alors, se promenant dans la grande galerie de l'évolution du Muséum d'histoire naturelle, des visiteurs, rêvant à la biodiversité, aux relations souvent belliqueuses depuis plus de trois milliards d'années entre les différents organismes vivants, se diront, un peu tristes, un peu découragés, que devant ces combats prévisibles entre grands mâles sauvages, le monde animal, depuis sa création, n'a pas tant évolué.

J'écoute Ibrahim Maalouf et je pense à vous[1]

3 octobre 2014

J'écoute Ibrahim Maalouf, Françoise, et je pense à vous. Vous m'avez adressé un mail, le plus étonnant que j'aie jamais reçu depuis que j'interviens sur France Inter.

Je me permets de le lire.

Bonsoir, je suis la compagne d'Hervé Gourdel. J'ai une requête à vous soumettre. Je souhaiterais qu'Hervé soit présent dans votre prochaine chronique. Normalement, ça ne se demande pas. Mais Hervé appréciait beaucoup vos chroniques et je souhaiterais que ce soit une sensibilité qui s'exprime ainsi qu'une hauteur de vues. Voilà, vous faites ce que vous voulez de ma demande. Je vous remercie de m'avoir lue.

---

1. Guide de haute montagne, Hervé Gourdel est mort assassiné par un groupe djihadiste algérien en septembre 2014. Sur le site de France Inter, j'avais reçu un message de sa compagne, Françoise, me demandant d'évoquer la mémoire d'Hervé qui avait l'habitude de m'écouter le vendredi matin.

Françoise, j'écoute Ibrahim Maalouf et je pense à vous. J'imagine que votre requête est importante à vos yeux puisque vous me l'adressez comme après un naufrage on lance une bouteille à la mer.

Je relis vos mots… Une sensibilité qui s'exprime, sûrement, mais une hauteur de vues… J'ai peur de ne pas en être capable. Qui je serais moi pour parler de quelqu'un que je ne connaissais pas et qui a rencontré l'horreur absolue en Kabylie ? J'écris des chroniques sur France Inter, ce n'est pas rien, mais, entre nous, je suis une imposture. Je devrais déchiffrer l'actualité mais l'actualité m'effraie, je devrais saisir la réalité mais la réalité s'échappe, je devrais décrypter le monde mais le monde est de plus en plus incompréhensible à mes yeux, à mes oreilles. Je n'ose pas le dire à Patrick Cohen, il m'arrive, certains matins, de ne plus mettre la radio. La peur d'apprendre de trop mauvaises nouvelles. Les extrémismes qui montent. Le sens de la solidarité qui disparaît. La violence comme seule réponse…

Je pense à vous, Françoise, j'écoute Ibrahim Maalouf et j'ai peur de ne pas trouver les mots. Je devrais peut-être juste prononcer le nom de votre compagnon disparu, le répéter, juste pour qu'il soit présent, juste pour qu'il ne soit pas oublié, juste pour répondre à votre sollicitation.

Hervé Gourdel, Hervé Gourdel, Hervé Gourdel…

Je regarde sa page Facebook. Il était randonneur. J'imagine que randonner avec lui devait être plaisant, rassurant, joyeux. Il aimait les Pink Floyd et Led Zeppelin, il aimait la ville de Mougins, le Mercantour et les Alpes du Sud, il aimait la cordonnerie Carlone à Nice et l'équipe de France de football, il aimait la Ligue pour la protection des oiseaux. Il aimait la photographie, le vin et les femmes. Il aimait discuter, débattre, ne pas être d'accord. Il aimait défendre ses convictions. Il aimait transmettre.

Enfin, quoi, il aimait la vie, qui s'est arrêtée pour lui dans l'horreur, la violence absolue, les pages internationales de tous les journaux du monde.

Depuis qu'Hervé est mort, il y a eu des manifestations. Des marches silencieuses mais dont certaines ont tourné à la querelle de chiffonniers. Comme si rien ne servait à rien. Comme si la mort d'un honnête homme ne pouvait pas au moins susciter la retenue, le respect, le silence.

Voilà, le silence, comme seule réponse un peu digne.

Le silence ou la musique, comme celle d'Ibrahim Maalouf, qui a été honoré par l'Unesco en tant qu'« artiste œuvrant pour le dialogue interculturel entre les mondes arabe et occidental ».

Françoise, j'écoute Ibrahim Maalouf et je pense à vous.

Interview exclusive de Patrick Modiano

10 octobre 2014

Aujourd'hui, pas de chronique.

À la place un coup de fil.

En effet, le service culturel a réussi à obtenir une interview avec Patrick Modiano. Moi, j'ai réussi mieux puisque le nouveau prix Nobel a accepté de me répondre, non seulement en exclusivité mais en direct. De plus, l'auteur de *La Place de l'Étoile* a accepté d'aborder les sujets d'actualité.

— Patrick Modiano, avant d'aborder les questions politiques sur lesquelles vous avez accepté de dire vos sentiments, votre analyse, je voulais d'abord vous féliciter pour le prix Nobel de littérature. Vous êtes l'auteur de livres courts, délicats, presque secrets… La charge du Nobel ne vous paraît-elle pas trop écrasante ? Comment on se sent quand on s'apprête à recevoir un prix aussi prestigieux ?

— Allô ? Oui. Non. Enfin, le Nobel c'est un peu comme si… En fait, non, c'est à la fois, c'est terrible et aussi c'est tellement, enfin… Voilà, c'est un peu comme si… Quand j'ai su que… aussitôt, je me suis dit. Et puis, j'ai tellement pensé tout de suite à ma... Et puis aussi à tous ceux qui... C'est tout un travail sur la..., pas la mémoire mais enfin...

— En effet. J'avais donc sollicité ce rendez-vous afin de vous faire réagir sur l'actualité. Je sais que vous puisez votre inspiration dans les *Cinémonde* ou les annuaires téléphoniques des années d'Occupation plutôt que dans les différents journaux qui sortent chaque jour, mais vous vivez aujourd'hui à Paris et je voulais savoir quel était votre regard sur la politique française, notamment sur le gouvernement actuel ?

— Oui. Non. Enfin, c'est-à-dire, c'est un peu comme si on conduisait une voiture sans aucune visibilité la nuit au hasard de la..., et on se dit ça peut durer longtemps ou bien... C'est comme une absence de signalisation, dans le brouillard. C'est comme si on était... pas perdu mais... Cette pluie qui tombe sur le président, c'est un peu comme si... Voilà, une pluie, comme ça, sans discontinuer... Alors, on se retrouve un peu comme dans un café à l'angle de la rue Greuze et la rue des Sablons, à l'abri, et puis on voit l'autobus 63 filer jusqu'au bois de Boulogne, et là, on est... c'est un peu. Et puis non, dans le fond, on se dit, après tout...

— Exactement. Dominique de Villepin est l'invité principal de la matinale, son rapprochement avec Nicolas Sarkozy vous a surpris ?

— Oui. Non. Quand même. Sarkozy, c'est un nom, comme ça, je me souviens, des amis hongrois de mes parents, retrouvé dans un vieux portefeuille de mon père... Des numéros de téléphone griffonnés... Neuilly 83 02. Et puis Élysée 07 12, des années plus tard, je l'aperçus avec un croc de boucher à la main. Comme une vision, enfin... Qui fait peur. Oui.

— Une dernière question qui émane du service culturel de la rédaction de France Inter. Autant vous dire qu'elle risque d'être un peu pointue. Vous envisageriez d'écrire une biographie de Valérie Trierweiler ?

— Non.

— Voilà. Eh bien, merci, monsieur Modiano, d'avoir répondu à nos questions et d'avoir apporté votre éclairage si particulier à l'actualité la plus brûlante.

— Oui. Non. Vous pouvez me repasser l'opératrice ? Je voudrais joindre une jeune femme, enfin une jeune fille plutôt, radiotélégraphiste de chemin de fer au Passy 29 63…

— Merci, Patrick Modiano. Et encore bravo pour le Nobel.

— Oui, c'est un peu comme si…

— Voilà.

Délivrez les ponts !

17 octobre 2014

Si par hasard
Sur le pont des Arts
Tu accroches un cadenas d'amour, c'est que tu es un vrai con.

Pardonne-moi, Juliette, de te parler un peu vivement, mais c'est ce que je pense. Excuse-moi, Roméo, de m'exprimer un peu lestement mais tu attises mon énervement.

Toute cette énergie dépensée par la mairie de Paris qui vient d'installer des rambardes vitrées au milieu du pont des Arts.

Un cadenas, c'est utile sur un vélo, une valise ou une armoire métallique, mais particulièrement godiche accroché sur un pont.

Délivrez les ponts ! Libérez les grilles !

Car le pont croule sous les cadenas d'amour. Des grilles entières cèdent sous le poids des cadenas.

Que sont vos amours cadenassées, aussi lourdes que des portes de prison ? L'amour, c'est le ciel bleu, la romance, les oiseaux, la liberté, la légèreté, ça n'a rien à voir avec vos chaînes, vos codes, vos clefs, votre fantasme de sécurité.

Quelles sortes d'animaux êtes-vous, amoureux à la manque, pour vous sentir obligés de marquer votre territoire, comme des blaireaux que vous êtes, en train de chier près de votre terrier ?

Et puis, pardonnez-moi, mais l'amour c'est l'invention, c'est l'inspiration. C'est l'inédit. On ne vous demande pas d'être Apollinaire, non. On ne vous demande pas d'être Rimbaud. Le dessin malhabile d'un enfant a bien plus de valeur aux yeux de sa mère que tous les tableaux présentés dans la galerie d'Apollon. Le poème maladroit d'un amoureux suscite bien plus d'émotion quand il est dit à l'oreille de son amour que tout Sully Prudhomme, Agrippa d'Aubigné, Marceline Desbordes-Valmore (qui, cher Patrick, j'en conviens, est assez pénible) et Louis Aragon réunis.

Car les mots d'amour sont faits pour être réinventés. Créez vos déclarations d'amour ! Imaginez vos serments d'amour ! Concevez vos gestes d'amour ! Bandes de panurgistes amortis, décervelés suivistes, conformistes crétins, incapables de trouver une seule attention qui vous soit un peu personnelle.

Parce que ne croyez pas que le pont des Arts soit la seule victime.

Du pont Milvius à Rome jusqu'à la passerelle de la gare de Fengyuan à Taïwan, en passant par le pont de Télemly à Alger, le ponte dell'Accademia à Venise, le pont Loujkov à Moscou et puis à Séoul, à Singapour, à Cologne, à Francfort, partout, la mondialisation de la connerie est en marche. Des petits ponts, des gros ponts, des vieux ponts, des jeunes ponts, vous salissez tout !

Si par hasard

Sur le pont des Arts

Tu accroches un cadenas d'amour, c'est que tu es un connard.

Et si tu t'attaques au pont de l'Archevêché, tu es un taré. Si tu t'en prends à la passerelle Simone-de-Beauvoir, tu n'es qu'un tocard.

Pardon, Tristan, si j'ai vexé Yseult, mais vous m'avez mis en colère !

Cette semaine, au beau milieu du pont des arts cinématographiques, Marie Dubois vient de retrouver son amour Serge Rousseau. Ils sont jeunes et beaux comme le jour où ils se sont rencontrés. Ils ont l'éternité devant eux.

Citations

24 octobre 2014

« Un homme qui boit, c'est moche, mais une femme je crois bien que c'est encore pire. »

Gérard Boulard, *Café des sports*, 7 février 1972.

« En France, il faudrait un type comme Hitler. »

Janine Brémont, mariage de sa cousine Paulette, 12 octobre 1975.

« La femme, c'est sentimental, c'est maternel, c'est tout ce que tu veux, t'avoueras que c'est pas fait pour diriger une entreprise ou signer un chèque. T'avoueras ? »

Jean-Pierre Bittu, soirée choucroute et tombola, 7 juin 1994.

« Moi, je n'ai jamais voulu travailler, j'estime que le rôle d'une femme, c'est d'abord d'élever ses enfants et de servir son mari. »

Roselyne Bittu, soirée choucroute et tombola, 7 juin 1994.

« J'aimerais mieux me faire enculer que d'être pédé. »

Gilbert Martin, apéritif festif, le bar *La Civette*,
8 mai 1989.

« Putain, une bonne femme au volant, ça devrait être interdit. »

Roger Pouget, communion de sa nièce Marie-Odile,
3 mars 2007.

« Pétain, heureusement qu'il était là, parce que, entre nous, à Londres, de Gaulle, il était bien au chaud. »

Jean-Pierre Bousinet, bar *La Civette*,
18 septembre 1979.

« Pétain et de Gaulle, je suis sûr que, dans le fond, ils étaient d'accord, tu penses. »

Jacques Millet, bar *La Civette*, 18 septembre 1979.

« Pétain, qu'est-ce que tu veux, il a fait ce qu'il a pu. »

Marcel Jeantot, bar *La Civette*, 18 septembre 1979.

« Je sais pas si tu as remarqué, Robert, les homos ils peuvent pas avoir d'enfants (t'es d'accord avec moi ?), pourtant on dirait qu'ils se reproduisent ! »

Michel Gentil, près de la machine à café,
11 octobre 2013.

« Tiens, reprends du saucisson, bientôt t'auras plus le droit. »

Jacques Fuiset, pique-nique sur une aire d'autoroute,
13 juillet 2012.

« C'était mieux avant. »
Myriam Péron, restaurant *Le Lion d'or*, 7 avril 2014.

« Du temps de l'abbé Pierre, les bidonvilles, ils étaient trois étoiles. »
Paul Péron, restaurant *Le Lion d'or*, 7 avril 2014.

« Du temps de Pompidou, les scandales immobiliers étaient quand même moins malhonnêtes que les scandales d'aujourd'hui. »
Sandrine Péron, restaurant *Le Lion d'or*, 7 avril 2014.

« Du temps où Foccart était chargé des affaires africaines, on avait une politique claire, saine, prudente et très éclairée. »
Paul Péron, restaurant *Le Lion d'or*, 7 avril 2014.

« C'était vraiment, vraiment mieux avant. »
Myriam Péron, restaurant *Le Lion d'or*, 7 avril 2014.

« L'espérance de vie en 2013 était de presque 79 ans pour les hommes et de 85 ans pour les femmes, alors qu'en 1960 elle était de 67 ans pour les hommes et de 73 ans pour les femmes, je suis d'accord avec toi, ça n'empêche que, quand même, c'était beaucoup, beaucoup mieux avant. Mademoiselle, s'il vous plaît, apportez une nouvelle cuvée du patron ! »
Paul Péron, restaurant *Le Lion d'or*, 7 avril 2014.

« Pour peu qu'on ait déjà fréquenté le *Café des Sports* ou *La Civette*, participé à une soirée choucroute et tombola, assisté au mariage de sa tante Paulette ou à la communion de sa cousine Marie-Odile, pique-niqué au bord de l'autoroute, attendu son tour pour prendre un café près de la machine à café ou dîné un soir de désœuvrement à une table du *Lion d'or*, la pensée d'Éric Zemmour finalement ne paraît pas si originale que ça. »

François Morel, studio de France Inter,
24 octobre 2014.

Analyse à chaud

7 novembre 2014

Je voudrais juste, à la fin de ce « 7-9 », tenter de résumer ce qui a été dit au cours de cette émission essentiellement consacrée à l'intervention hier soir du président de la République sur TF1.

Ce n'est pas facile évidemment pour moi de condenser en trois petites minutes tout ce qui a pu être étudié, analysé, soupesé, mais s'il ne fallait retenir qu'un mot, qu'une seule impression générale, c'est évidemment « enthousiasme » qui devrait s'imposer.

Enthousiasme général, enthousiasme total, sans arrière-pensée, sans ombre au tableau, enthousiasme absolu qui a électrisé chaque citoyen de ce pays et qui très certainement ne sera pas sans conséquence puisqu'il aura la capacité de donner une sorte de coup de fouet républicain au moment où François Hollande doit entamer la deuxième partie de son mandat.

On peut dire en effet que cette intervention qui était très attendue marque un véritable tournant du quinquennat puisque le président a réussi à se montrer extrêmement convaincant. Avec beaucoup de persuasion, d'éloquence, de détermination, il a littéralement enflammé tous les commentateurs politiques, quelles que soient leurs opinions, quelle que soit leur couleur.

Je cite Ivan Rioufol dans *Le Figaro* : « François Hollande a fait preuve hier soir d'une clarté, d'un courage, d'une énergie dont devraient bien s'inspirer tous les ténors de l'UMP. À l'heure où la tempête internationale risque de souffler fort sur le navire France, il est rassurant d'avoir un capitaine de la trempe de M. Hollande. » *L'Humanité*, sous la plume de Patrick Apel-Muller, félicite le président d'avoir tenu un véritable discours de gauche. « Enfin un président du côté des ouvriers, enfin un président du côté des travailleurs. Nous, communistes et frontistes de gauche, avons le devoir de soutenir François Hollande afin de défendre les avancées sociales contre toutes les reculades préconisées par le patronat. »

Dans son éditorial du jour, *La Croix* vante le langage de réconciliation citoyenne, une réconciliation à laquelle « tous les chrétiens de France doivent s'associer », selon Dominique Quinio. Pour *Valeurs actuelles*, le président a fait preuve d'un grand sens des responsabilités. Le journal *Libération* a également salué le président, notamment concernant la dépénalisation du haschich qui pourrait être vendu en grandes surfaces.

Parmi les plus fervents défenseurs du président de la République, il y a naturellement les écologistes, tous réconciliés derrière la figure tutélaire du président.

Seule ombre au tableau, Valérie Trierweiler qui pendant toute la soirée a tweeté diverses recettes de pâté aux truffes, de quiche à l'andouille, de plat de nouilles et de cake aux cornichons.

Voilà ce qu'on pouvait dire ce matin sur France Inter à presque 9 heures…

D'un naturel anxieux, j'ai l'habitude de ne pas écrire mes chroniques au tout dernier moment, mais plutôt de les rédiger en amont. Ayant composé ce papier hier après-midi, et n'ayant pas une culture politique si développée, j'espère quand même avoir pressenti le sentiment général et ne pas m'être trop éloigné de la vérité.

Musicologie[1]

14 novembre 2014

Bonjour, je suis très heureux d'être associé à ce matin inaugural et je profite de la présence prestigieuse en nos studios parisiens de l'admirable M. Mathieu Gallet, président-directeur général de Radio France, pour le saluer avec le maximum de respect nécessaire et lui dire que j'ai bien reçu la proposition d'augmentation qu'il m'a soumise avec énormément de bienveillance et de générosité, et qui cependant se heurte dans mon esprit à ma conscience déontologique : est-il bien normal que je sois payé trois fois plus que Nicole Ferroni, Sophia Aram et François Rollin ? Ne risqué-je pas de me sentir en porte à faux vis-à-vis de mes talentueux consœurs et confrère, même si j'entends bien qu'il est naturel que mon ancienneté puisse être récompensée à sa juste valeur ? Mais il ne faudrait pas que ces questions purement administratives viennent empiéter sur cette chronique que je comptais, en ce

1. Il faut lire cette chronique avec la voix compassée d'un musicologue désuet et surtout l'entendre accompagné du disque de Vincent Malone, *Le Roi de la trompette*.

vendredi matin, essentiellement consacrer à la musicologie.

Je voudrais évidemment présenter à Mme Sofi Jeannin, directrice de la maîtrise à Radio France, ainsi qu'à Mme Zahia Ziouani, chef d'orchestre, mes salutations certes déférentes mais un peu plus désinvoltes que celles adressées à M. Gallet puisque lui seul pourrait avoir un conséquent pouvoir d'influence sur mes émoluments.

Mais nous allons écouter maintenant, si vous le voulez bien, la *Bagatelle* en *la* mineur composée par Ludwig van Beethoven en 1810, plus connue sous le nom de *Lettre à Élise* et qui initialement, c'est une anecdote extrêmement amusante, devait s'appeler *Lettre à Thérèse* en hommage, vous l'aurez deviné, à Thérèse Malfatti von Rohrenbach zu Dezza que Ludwig avait demandée en mariage, requête qui, je le rappelle, avait été rejetée.

La version que nous allons écouter de cette petite pièce de forme rondo : *Poco moto*, 3/8, en *la* mineur et qui est, mais je ne vous l'apprendrai pas, de 103 mesures, est exécutée par le soliste Vincent Barrès, plus connu dans les milieux musicaux sous le nom de Vincent Malone. Cet interprète original et inspiré naquit le 26 décembre 1958, c'est-à-dire le lendemain même du jour de Noël 58. Est-ce parce que le jeune Vincent se sentit longtemps lésé par cette situation car il n'est jamais avantageux en termes de cadeaux de devoir fêter son anniversaire juste le lendemain de Noël, est-ce parce qu'il ne se remit jamais tout à fait de cette douleur enfantine qu'il nous propose, chers amis des musiciens, cette version adaptée pour cuivre de la *Lettre à Élise*, version déchirante et déchirée…

Ludwig van Beethoven, Vincent Malone…

(La Lettre à Élise*, de Vincent Malone.)*

Une matinée festive et mélomane serait incomplète sans Mozart. Nous allons écouter, pour le plaisir des oreilles et des cœurs, un extrait de *La Flûte enchantée*, et plus précisément l'air de la Reine de la Nuit. *Der Hölle Rache kocht in meinem Herzen*. Culminant au contre-*fa*, il est sans doute l'un des airs les plus virtuoses de l'art lyrique. Si cette œuvre requiert une soprano dramatique vocalisant avec aisance, on pourra très bien se rabattre avantageusement sur ce merveilleux instrument à vent magnifié par le souffle incomparable de Vincent Malone.

Mozart, Malone.

*(*La Flûte enchantée *par Vincent Malone.)*

J'avais prévu de vous faire écouter le prélude en *do* majeur du *Clavier bien tempéré* de Jean-Sébastien Bach dans une version pour binious et cornemuses. Nous n'aurons malheureusement pas le temps de la diffuser.

C'était François Morel, très heureux d'avoir pu fêter l'ouverture de l'auditorium de Radio France en direct de France Bleu Armorique.

La francophonie pour les jeunes

21 novembre 2014

Monsieur Abdou Diouf, j'ai lu avec beaucoup d'intérêt le discours que vous avez prononcé le 16 octobre 2014 à Paris lors d'une rencontre avec le groupe francophone de l'Unesco. Il est très bien, votre discours…

Il est très bien mais il est améliorable, puisque j'ai vu par ailleurs que vous aviez pour mission de vous adresser à la jeunesse.

C'est très bien de vous adresser aux jeunes, monsieur Diouf ! Moi-même je ne perds jamais l'occasion d'organiser des marches, des rallyes, des feux de camp très sympathiques où nous chantons accompagnés au son des guitares et des flûtes à bec, des couplets de joie et de réconciliation.

« Buvons encore une dernière fois à l'amitié l'amour la joie l'amour la joie ! »

J'ai acquis par ailleurs un ordinateur, et ma récente connaissance en informatique me permet aujourd'hui de surfer sur le Web avec aisance et ainsi de charger une application capable de traduire le français en langage des jeunes.

Je me propose donc de vous faire partager le fruit de mes recherches.

Par exemple, vous commenciez ce discours en disant :

« Madame la directrice générale, je vous remercie vivement de cet hommage qui me touche et m'émeut alors que je m'apprête à quitter ces fonctions que j'ai occupées avec beaucoup d'engagement pendant douze ans et qui m'auront permis de poursuivre l'œuvre de mon illustre mentor Léopold Sédar Senghor, père fondateur de la francophonie. »

En langage des jeunes vous auriez pu dire :

« Ma boss, comment c'est trop de la balle tes paroles, quand je me tire après douze piges, que j'ai fait le taf à Senghor, total respect. »

Admettez que c'est plus concis. C'est moins ampoulé.

Vous poursuivez :

« Je vous exprime toute ma gratitude et je me réjouis de partager à nouveau cette tribune avec vous, qui êtes une amie et une alliée précieuse de la francophonie. Je vous renouvelle mes sentiments les plus profonds de fidèle et respectueuse amitié. »

Traduction :

« Mademoiselle, tu déchires trop ta race, je te kiffe trop. »

Le fond de votre discours est parfaitement inchangé. Seule la forme a subi quelques modifications accessoires. Je continue votre discours…

« Grâce à vous, nous avons le plaisir d'être à nouveau réunis au siège de l'Unesco, dans ce lieu qui constitue le symbole des hautes valeurs que nous partageons et pour lesquelles nous luttons, les valeurs de paix, de justice, de liberté et d'égale dignité des êtres humains. »

« Mortel respect l'Unesco oufissime, déclassé, pour trop vivre tranquille tu déchires trop sa race. »

Là encore, le contenu de votre philosophie est pleinement intact.

Vous concluez par :

« Mesdames et Messieurs les Ambassadeurs et Chefs de délégation, je vous exprime toute ma gratitude et ma reconnaissance pour la longue et fructueuse collaboration et les relations chaleureuses que nous avons tissées au cours de toutes ces années. Très ému par votre présence et par vos gestes, j'adresse à chacun de vous tous mes vœux les plus chaleureux.

« Je vous remercie. »

Je translate :

« Wesh tout le monde, le swaag, sérieux je vous kiffe trop, trop envie de léchia ! Cimer. »

Je regrette infiniment, monsieur Diouf, que vous ne m'ayez pas connu plus tôt. Avec moi, la francophonie, je vous la rajeunissais grave !

Littérature jeunesse

28 novembre 2014

Coïncidence, le Salon du livre jeunesse de Montreuil a exactement le même âge que moi : trente ans. L'occasion de m'interroger, comment booster la littérature jeunesse ? Très facile. Elle doit s'inspirer de la littérature adulte. C'est une évidence ! Des livres confessions, des livres témoignages, des livres trash, des livres coups de poing dans la gueule.

Auteurs jeunesse, une seule solution si vous voulez vous faire entendre, trempez vos stylos dans le sang et les larmes, vos pastels dans la merde, vos crayons de couleur dans le sperme et le vomi.

J'ai quelques idées éditoriales dont je vous fais part, car la générosité est ma nature, l'altruisme, mon tempérament.

Moi, Blanche-Neige, séquestrée, violée, droguée. Une jeune fille raconte comment après avoir été souffre-douleur de sa belle-mère, perverse et jalouse, elle devient l'otage d'une communauté de sept nains érotomanes et vicieux. Des scènes de débauche sexuelle inouïes. Vêtus de justaucorps particulièrement évocateurs, ils ont chacun leur spécialité. Blanche-Neige avec force détails raconte comment elle est devenue notamment le jouet de Prof, narcissique et manipulateur, de Simplet, retardé mental aux pratiques charnelles particulièrement décadentes. Et puis l'enfer de la drogue prise à son insu et qui va la plonger pendant plusieurs années dans une léthargie dont elle ne sortira pas indemne. Un livre choc. Un livre confession. Un livre qui fait mal. Pour les moins de huit ans.

Tire la chevillette ou L'Affaire du Petit Chaperon rouge. Une grand-mère raconte comment elle a été spoliée par sa propre petite-fille qui s'était faite la complice d'un séducteur qui se révélera prédateur anthropophage. Des scènes d'une rare violence sous la couette de l'aïeule abusée. Une histoire accablante qui dénonce la perte des repères dans une société déshumanisée. À partir de trois ans.

Pinocchio, créature monstrueuse créée par Geppetto, savant fou déguisé sous les traits d'un menuisier inoffensif, voit son organe se dilater chaque fois qu'il ment. Un voyage troublant dans un monde parallèle au cœur de la mystification, du mensonge et du désir. À partir de deux ans et demi mais quand même pour public averti.

Peau d'âne, ou la longue descente aux enfers d'une jeune fille qui tente d'échapper aux avances incestueuses de son père. Un récit particulièrement poignant. Elle raconte comment sa marraine s'est sacrifiée pour lui sauver la vie. Un récit traumatisant et sans concession. À lire en famille.

Alors d'accord, certains vont trouver ça choquant, scandaleux, rebutant, d'accord ! Mais c'est quand même beaucoup plus inoffensif que tout ce que peut découvrir un enfant abandonné devant des écrans d'ordinateur et de télévision.

Astérix et Obélix. Un couple d'hommes moustachus. Ils sont désœuvrés, oisifs. Deux feignasses vivant ensemble essentiellement pour assouvir leurs désirs barbares, leurs pulsions dévastatrices. L'un est obèse, l'autre une personne de petite taille. L'un, totalement désinhibé, par tous les temps, sans souci de bienséance se promène torse nu. L'autre fait usage de produits psychotropes à base de plantes pour partout semer la brutalité la plus extrême. Chaque histoire se termine systématiquement par une orgie, exaltation de la débauche et des excès. Pour tous les âges.

Un formidable espoir

5 décembre 2014

Un formidable espoir est né à l'UMP le week-end dernier, le retour de Nicolas Sarkozy. Après une traversée du désert d'un peu plus de deux ans, il nous est revenu. Et sincèrement, je ne sais pas si nous le méritons. Nous l'avons renvoyé comme un malpropre en mai 2012. Et lui, qui aurait pu gagner beaucoup d'argent en faisant des conférences dans des congrès internationaux, a préféré se dévouer, pour le salut des Français, pourtant si ingrats, si peu reconnaissants.

En 2017, s'il a réussi à mettre son parti au pas, à le moderniser, à lui donner un souffle inédit, à éponger les dettes, il pourrait très bien représenter la droite républicaine et incarner le renouveau du libéralisme.

Car en France – est-ce l'influence des écologistes ? – on ne jette pas. On recycle. Un président tout usé, fatigué, usagé par cinq années de mandat interminable, peut resservir, peut reprendre du service. On le badigeonne. On le décape. On le nettoie. Et il redevient comme neuf. Tout nouveau tout beau. Tout rafraîchi.

Ce qui pourrait conduire en 2022 François Hollande,

après une période de réflexion, de recul, d'éloignement de la vie politique, à se représenter pour incarner un socialisme moderne et battre ainsi Nicolas Sarkozy épuisé par sa seconde présidence.

Dans cette perspective, 2027 serait une opportunité à saisir pour Nicolas Sarkozy, qui pourrait très bien à soixante-douze ans apporter son expérience, sa sagesse, sa maturité et mettre ainsi un terme au second mandat présidentiel calamiteux de François Hollande.

François Hollande n'aurait alors aucun mal en mai 2032, à presque soixante-dix-huit ans, à débarquer avec un projet tout neuf et qui saurait rassembler la gauche, je dis n'importe quoi, pourquoi pas le vote des étrangers aux élections municipales ou, rêvons un peu, décréter avec force et véhémence que la finance est son ennemie ?

Au bout de cinq années de déceptions, de renoncements, de reniements, il serait tout à fait naturel pour les Français de réélire Nicolas Sarkozy, quatre-vingt-deux ans, dans le fauteuil élyséen. Il pourrait alors promettre de revenir sur le mariage pour tous, ou sur l'avortement, ou sur la peine de mort, ou sur le vote des femmes, enfin, de mettre en avant un sujet suffisamment fédérateur pour permettre à la droite française de se reconstituer.

Après un échec cuisant en 2042, Nicolas Sarkozy laisserait la place à François Hollande, quatre-vingt-huit ans. Dans la cour de l'Élysée, un ballet de déambulateurs extrêmement solennel marquerait l'investiture du nouvel ancien président de la République tandis que l'ancien nouveau président de la République repartirait au bras de son infirmière. « Ça n'a pas changé depuis la dernière fois, le code nucléaire ? – Non, non, toujours pareil, je vous l'ai inscrit sur un petit papier que j'ai mis sous votre pilulier. »

Au cas où l'un des deux, pour raison personnelle ou familiale, viendrait à être empêché de se présenter à la présidence de la République en 2047, dans ce futur si proche où l'on aura réussi à faire reculer les frontières de la mort, on pourrait appeler à la rescousse un homme de jugement, de réflexion, d'intelligence, pourquoi pas Valéry Giscard d'Estaing, cent vingt et un ans, ou même Jacques Chirac, freluquet de cent quinze ans, trop heureux, et on le comprend, de fuir Bernadette, toujours conseillère générale de la Corrèze, en reprenant du service.

Certains commentateurs trouvent que les Français se désintéressent de plus en plus de la politique.

On se demande pourquoi.

Ouh là là, c'est mal !

12 décembre 2014

« Ouh là là, c'est mal ! » se moque l'humoriste Marine Le Pen en évoquant ceux qui vont sur les plateaux de télévision pour condamner la torture et défendre une certaine idée de la justice.

De la justice, me fais pas marrer ! La torture, ça a toujours existé.

« Ouh là là, c'est mal ! » Des paroles de couilles molles, d'angéliques, de naïfs.

Dans le temps, il y avait l'estrapade, le supplice de la roue, le chat à neuf queues. Le chat à neuf queues est un fouet composé d'un manche en bois sur lequel sont fixées neuf cordes terminées par des griffes en métal. Ça déchire la peau, ça crève les yeux. Bien utilisé, ça peut dépanner. À Auschwitz, par exemple, on était bien content d'en avoir, des chats à neuf queues, pour morigéner certains prisonniers dont on fait aujourd'hui des martyrs, mais qui parfois avaient leur petit caractère et donnaient bien du fil à retordre aux kapos chargés, je le signale quand même, de la lourde responsabilité de l'encadrement. Et ce n'est pas rien.

« Ouh là là, c'est mal... » D'accord, c'est mal, mais c'est pas à nous de répondre à la barbarie par la conscience, par l'intelligence, tu me fais marrer ! Tu vas où avec tes grandes idées de civilisation avancée ? La loi du talion, il n'y a que ça de vrai.

Ouh là là, c'est mal ! la gégène, la baignoire, les produits chimiques dans le cul, les viols, les mutilations génitales, les pistolets à impulsion électronique... Faut pas exagérer, ça choque essentiellement des esprits sensibles, émotifs, un peu fleur bleue. Un interrogatoire musclé, c'est un interrogatoire. Vous croyez quoi ? Qu'il existe des interrogatoires gentils, sympas, tendres, mignons, attentionnés, complaisants ?

La torture a été un pilier de la politique dans de nombreux pays du monde entier, que ce soit en Espagne sous l'Inquisition, en URSS à l'époque des grandes purges, pendant la guerre d'Algérie et puis en RDA, à Cuba, en Israël, aux États-Unis... Un peu partout, la mondialisation de la torture s'est remarquablement développée. Pour une fois qu'il y a un truc qui marche dans le monde, vous ne voudriez pas le supprimer !

« Ouh là là, c'est mal... » Oui, c'est mal. Mais il y a un moment, il faut bien se défendre, qu'est-ce que vous voulez.

Où j'en veux un peu à Marine, c'est qu'après ses paroles pleines de bon sens, elle s'est rétractée. Son père, lui, il aurait pas tweeté. Il aurait pas parlé d'interprétation malveillante. Papa, il assume.

Marine, des fois, elle a un petit côté droit-de-l'hommiste que je trouve assez inquiétant. C'est à se demander si elle n'a pas fait sa sortie chez Jean-Jacques Bourdin pour mettre en valeur la campagne d'Amnesty International. Jusqu'au 17 décembre, la campagne « 10 jours pour signer » vous propose d'agir en faveur des personnes menacées. Partout dans le monde, chaque citoyen est invité à ouvrir les yeux sur douze cas emblématiques de violation des droits humains. Ne dites pas que votre signature ne sert à rien. Le blogueur tunisien Jabeur Mejri, la militante cambodgienne Yorm Bopha, les pacifistes russes de la place Bolotnaïa, le chauffeur de bus turc Hakan Yaman doivent leur salut à la mobilisation des militants d'Amnesty International en 2013. Plutôt que de se replier, se rapetisser, se recroqueviller, se morfondre, se lamenter, plutôt que de dire des conneries ou les écouter, allez voir le site www.10jourspoursigner.org.

« Ouh là là, c'est mieux ! »

Isabelle Adjani

19 décembre 2014

Isabelle, bonjour, pensez-vous que je n'ai pas compris votre petit manège ? Je ne suis pas né de la dernière pluie. Depuis plusieurs semaines, le bruit courait dans les couloirs de France Inter que la-reine-Margot-Adèle-H-Camille-Claudel-Agnès-la-Dame-aux-camélias-et-tant-d'autres serait l'invitée de Patrick Cohen. Je m'étonnais.

« Adjani, vous êtes sûr ? Elle fréquente peu les médias. Elle ne se montre qu'exceptionnellement. Elle apparaît, disparaît. Cette femme est une éclipse, un mystère.

— Si, je te jure, Adjani vient au “7-9”. On a eu la confirmation.

— Elle va annuler !

— Non, je te promets, elle tient absolument à venir. D'ailleurs, elle vient ce vendredi… »

J'étais stupéfait.

Chaque jour, depuis une quinzaine, montait l'inquiétude de Patrick Cohen…

Récemment, il profitait de ma venue dans la Maison ronde pour m'alpaguer.

« François, toi qui es dans le show-biz, toi qui connais tout le monde, toi dont le charisme et la renommée sont immenses, toi qui te meus dans l'univers du spectacle avec l'agilité du lapin, l'adresse du singe, l'intelligence du renard, la suave élégance du grand fauve, aide-moi, je t'en supplie... Interroger Brice Hortefeux ou Jacques Attali, pour moi, c'est trop facile, c'est de la petite bière, je m'en bats les, les doigts dans le nez, de la rigolade, mais questionner Adjani, comment être à la hauteur, comment ne pas la décevoir ? Aide-moi, François, je t'en supplie. Fais-moi profiter de ton intelligence, de ton expérience, de tes lumières.

— Mais Patrick, voyons, ressaisis-toi, 'cré nom de nom, sois un homme, sacré bon Dieu ! Mais tu sais qu'tu m'fais honte à sangloter comme ça, bêtement devant tout le monde, fis-je à Patrick dont le désespoir, intérieurement, réussissait à me secouer. Patrick, ne t'inquiète pas, lui fis-je, tandis que je posais ma main sur son épaule anxieuse, tout en lui tendant un Kleenex, va, Patrick, sèche tes larmes et écoute bien ce que je vais te dire : ton interview n'est qu'un prétexte.

Oui, Isabelle, car j'ai parfaitement compris votre stratagème. Si vous avez accepté de vous lever de bon matin alors qu'hier soir vous vous êtes couchée tard après la représentation, c'était pour ne pas passer à côté de la chance de pouvoir me rencontrer. Isabelle, je ne suis pas l'étoile inaccessible que l'on prétend. C'eût été tellement plus simple d'appeler mon agent Françoise Lax, agence Parallaxe, rue Delambre, filatures, adultères et divorces, carrières d'acteurs en devenir, afin de lui réclamer mon 06...

Isabelle, pourquoi chez vous cette timidité, cette appréhension ? Je ne sais pas ce qu'on vous a raconté sur moi mais je vous promets que je suis resté quelqu'un de parfaitement abordable. Oh, certes, j'ai mon caractère, j'ai mon tempérament, je peux avoir mes caprices. Bien sûr, j'ai mes failles, et des blessures aussi, des fêlures, des secrets, des zones d'ombre, mais au fond de moi est un cœur qui bat.

Je sais bien que souvent l'attachée de presse qui s'arrange toujours pour me précéder prévient tous ceux qui pourraient me croiser : « Surtout, ne lui parlez pas de son âge. Morel commence à se déplumer, il le vit mal. Évitez de lui parler de sa rivalité avec François Rollin, qu'il jalouse atrocement à cause d'une amourette d'il y a trente ans. Parlez-lui uniquement de sa rentrée à partir du 28 janvier au Théâtre du Rond-Point pour son spectacle *La fin du monde est pour dimanche.* »

L'attachée de presse cherche à me protéger, qui pourrait l'en blâmer ?

Mais, Isabelle, écoutez-moi et croyez-moi, je suis un homme comme les autres.

Les vœux de courage[1]

31 décembre 2014

Mon cher compatriote,

Je m'adresse à toi pour te présenter mes vœux, mes vœux républicains, amicaux et fraternels et affectueux et espiègles et courts. Je me propose d'être ton président de la République mais juste pendant cinq minutes, j'ai peu d'ambition politique.

Après tout « Moi, président », pourquoi pas ? Je ne dis pas que je ferais mieux qu'un autre. Sûrement pas ! Mais ferais-je pire ? On dit que les décisions aujourd'hui nous dépassent, c'est le monde de la finance, le commerce international qui aujourd'hui en France font la pluie et le beau temps. Plutôt la pluie ? Je suis d'accord avec toi.

Donc… « La France, le chômage, la réforme, la modernisation, la responsabilité, l'éducation, la reprise, l'engagement, la croissance, les plans sociaux, les partenaires sociaux, la crise, les efforts, les impôts, l'emploi… »

1. Ces vœux de courage ont été prononcés, à la demande d'Edwy Plenel, sur Mediapart. Du courage, on allait en avoir besoin dans les jours qui allaient suivre.

À partir de ces quelques mots obligatoires, toi aussi tu peux écrire tes vœux présidentiels aux Français. Tu n'es pas plus bête qu'un autre. Tu n'es pas plus stupide… Bien sûr, tu dois faire attention de ne pas faire de contresens. Ne va pas dire que ta priorité, c'est la reprise du chômage. Ne va pas déclarer que l'augmentation des impôts sera l'objet de tous tes efforts et que tu feras la guerre à l'éducation. Mais enfin, tu dois pouvoir arriver à écrire un discours un peu correct. Ce n'est pas si compliqué.

Enfin, ce n'est pas si compliqué, parce que toi, mon cher compatriote, tu n'es pas obligé de t'y coller tous les ans.

Le problème des vœux présidentiels, c'est qu'aujourd'hui n'importe qui ayant un ordinateur, un téléphone portable, peut avoir accès aux vœux précédents. Ça calme. Dans le temps, quand le Général souhaitait une bonne année 1959, 1960, 1961, personne n'allait comparer ses nouveaux vœux avec ses anciens vœux pour voir si les engagements avaient été ou non tenus, si les déclarations avaient été suivies d'effets. De toute façon, on discutait assez peu la parole présidentielle. À l'époque de Michel Droit et de l'ORTF, les réseaux sociaux n'existaient pas. Mediapart non plus et Edwy Plenel était imberbe. Aujourd'hui, le président de la République est quasiment dans la situation d'Élizabeth Teissier faisant ses prévisions astrologiques. De même qu'Élizabeth avait prévu pour DSK une année 2011 « géniale », le président avait annoncé l'an passé que la bataille de l'emploi serait sa préoccupation première. C'est possible. On ne l'a pas spécialement remarqué. Le nombre de chômeurs augmente. La reprise se fait attendre. Les entreprises continuent de fermer les unes après les autres…

Tout ça ouvre un boulevard aérien aux oiseaux de mauvais augure qui trouvent que c'était mieux avant, quand la peine de mort n'était pas abolie, quand l'avortement était interdit, quand les femmes n'avaient pas le droit de posséder un carnet de chèques, quand la déportation était un moyen comme un autre pour voyager et voir du pays, et même quand le maréchal Pétain protégeait les Français israélites avec une efficacité si singulière qu'elle a échappé à beaucoup.

Mon cher compatriote, même si la connerie prospère en même temps que le racisme, le désespoir et le ricanement, tu résistes. Comme tu peux, avec tes moyens.

Car figure-toi, mon cher compatriote, quand je te regarde, je suis dans la position de Louis de Funès observant Bourvil dans *Le Corniaud* et j'ai envie de dire : « Il m'épate, il m'épate, il m'épate. »

Oui, mon cher compatriote, souvent, tu m'épates, tu m'épates, tu m'épates.

Tu montres une vitalité admirable. Je te vois fréquenter les théâtres, les salles de concert, les bibliothèques, les librairies. Je te vois curieux, désireux, impatient de connaître, d'aimer, de partager. Je te vois t'impliquer dans des associations. Je te vois à Manosque parmi une foule immense écouter Emmanuel Carrère parler de son dernier livre. Je te vois un peu partout en France, participer en nombre à des festivals, des salons, des forums exigeants. Comme souvent, certains politicards sont à la traîne, critiquent l'élitisme supposé des programmations théâtrales quand le public vient massivement chercher du sens et du contenu dans des spectacles pas forcément estampillés « Vu à la télé ».

Tu m'épates quand je te vois à l'instar de M. Saladin refuser l'enlaidissement des entrées de villes polluées par les publicités toujours plus énormes, toujours plus vilaines. Je te vois ne pas baisser les bras quand la plupart des médias distillent la morosité.

Je t'adresse mes vœux mais pas seulement, je me souhaite de ressembler le plus souvent à cette France joyeuse, vive, éveillée que, plus souvent qu'à ton tour, mon cher compatriote, tu incarnes si bien.

Je nous souhaite, encore pour cette année, bien du courage.

Vive les enfants, les femmes, les hommes. Et aussi vive les animaux, vive les arbres, vive les chats sauvages et les chiens fidèles, vive les étoiles filantes. Vive la beauté et la générosité, vive la liberté, la fraternité, l'égalité. Vive la République pour tous et toutes, la tienne, mon cher compatriote.

Bonne année 2015 !

2 janvier 2015

Bonne année, je ne vous dis pas le contraire mais j'aime mieux vous prévenir tout de suite afin de vous y préparer : l'année 2015 ne va pas être folichonne. Vous me direz, l'année 2014 n'a pas été spécialement guillerette. L'année 2013, pour ceux qui s'en souviennent, n'a pas été particulièrement jubilante. C'est possible.

L'année 2015 ne sera pas tellement mieux…

Quand je dis « l'année 2015 », je précise : du calendrier grégorien, c'est-à-dire l'année qui correspond dans le calendrier hindou à la période 1936-1937. Ce qui veut dire qu'il ne faudra pas spécialement vous étonner si dans les prochains mois vous voyez des hindous profiter de leurs premiers congés payés pour découvrir la mer en sifflotant du Charles Trenet.

En 2015, nous fêterons le bicentenaire de la bataille de Waterloo et le 500e anniversaire de la bataille de Marignan. Il est possible que beaucoup d'auditeurs s'en moquent, s'en tapent, s'en contrefoutent. C'est même probable. Je suis moi-même en train de me demander, dans un accès absolu de sincérité, si je ne signale pas ces événements dans l'unique but de remplir ma première chronique de l'année afin qu'elle puisse avoir une durée de trois minutes trente, selon les termes du contrat signé avec la direction de Radio France.

En 2015, mauvaise nouvelle, le 1er mai tombera un vendredi, ce qui veut dire que je serai au travail un jour férié.

Deuxième mauvaise nouvelle, le 8 mai tombera également un vendredi cette année, ce qui veut dire que ça commence à me gonfler sérieusement les jours fériés.

Troisième mauvaise nouvelle, Noël tombera encore un vendredi ainsi que le 1er janvier 2016, ce qui veut dire que, dorénavant, je militerai personnellement pour la suppression totale des jours fériés.

J'espère au moins, je n'ai pas vérifié, que cette année le lundi de Pentecôte et le jeudi de l'Ascension ne tomberont pas un vendredi.

Le 20 mars 2015, nous assisterons partout en France à une éclipse partielle du soleil. Les élections régionales, qui à l'origine devaient avoir lieu en mars et occasionner une éclipse du PS, ont été reportées. Deux éclipses le même mois, ça faisait trop.

2015 est l'année du centième anniversaire de la naissance de Marguerite Duras, de Romain Gary, d'Orson Welles, de Roland Barthes, de Léon Zitrone. Le service public français envisage sérieusement de consacrer une émission spéciale à Léon Zitrone.

L'Unesco a déclaré 2015 année internationale de la Lumière. Encore une fois, ce ne sera certainement pas mon année.

Je voudrais enfin prononcer une phrase ou deux supplémentaires afin d'approcher le plus possible des trois minutes trente requises et ainsi honorer au maximum mon contrat…

Tous les auditeurs qui sont en train d'écouter France Inter ce matin à presque 9 heures ont tous réussi sans trop d'encombre à survivre à 2014. Je les en félicite chaleureusement.

J'aimerais pouvoir en dire autant l'année prochaine.

Pleurs et rage

9 janvier 2015

Lettre à Patrick Pelloux, mon ami.

Depuis deux jours, je n'arrête pas de penser à toi et à ta douleur. À ce coup de fil que je t'ai passé ce mercredi vers midi et à cette voix que tu avais quand tu m'as fait comprendre l'exact degré de l'horreur et de la détresse que tu traversais.

Patrick, j'ai juste trois minutes pour te dire que je t'aime, comme un frère, comme un ami.

Je voulais te remercier de m'avoir fait rencontrer Charb et Cabu. Charb et Cabu avaient des têtes d'enfants. Des enfants espiègles, farceurs, rieurs et tendres. Féroces bien sûr, mais juste par le dessin. Leurs seules armes étaient leurs crayons.

Patrick, je sais bien que je dis des banalités. Mais qu'est-ce que je pourrais dire d'autre ?

Si : des souvenirs de conversations avec Charb. Il nous raconte qu'un soir il monte dans un taxi. Le chauffeur, barbu, le reconnaît.

« Vous êtes le type de *Charlie Hebdo* ?

— Oui.

— Descends tout de suite. »

Le chauffeur, barbu, ameute ses collègues, leur dit de ne pas le prendre, que c'est le salaud de *Charlie Hebdo*. La panique de Charb qui part en courant. La violence des taxis, barbus. Ces comportements existent en France. Doit-on les banaliser ? Est-ce qu'on ne s'est pas habitué petit à petit à l'ignominie ? À l'insupportable.

Charb nous confiait aussi que certains kiosquiers, barbus, s'arrangeaient pour ne jamais vendre *Charlie Hebdo*, que dès le mercredi matin ils répondaient aux clients qui le réclamaient qu'ils n'en avaient plus. Les exemplaires du journal étaient mis dans un coin puis redonnés tels quels. Jusqu'à ce qu'on décide de ne pas réapprovisionner ces kiosques. Vu que ça ne servait à rien. Est-ce qu'on ne s'est pas habitué petit à petit à l'abjection, à la crapulerie ?

Aujourd'hui, sur les réseaux sociaux, on peut lire des messages abjects. Certains se réjouissent de la mort de nos amis assassinés. L'appel au meurtre est-il un délit en France ? Est-ce qu'on va encore supporter longtemps ces paroles de haine, de brutalité, de sauvagerie ?

Est-il tolérable qu'en France un chauffeur de taxi se permette de chasser un client de sa voiture, un kiosquier refuse de diffuser un journal, des salauds sur le net appellent au meurtre ?

Patrick, je pense à toi. Je pense à ce que Julos Beaucarne avait écrit la nuit juste après l'assassinat de sa femme, tuée par un déséquilibré : « Sans vous commander, je vous demande d'aimer plus que jamais ceux qui vous sont proches. Le monde est une triste boutique, les cœurs purs doivent se mettre ensemble pour l'embellir, il faut reboiser l'âme humaine. Je resterai sur le pont, je resterai un jardinier, je cultiverai mes plantes de langage. En attendant, à vous autres, mes amis d'ici-bas, face à ce qui m'arrive, je prends la liberté, moi qui ne suis qu'un histrion, qu'un batteur de planches, qu'un comédien qui fait du rêve avec du vent, je prends la liberté de vous écrire pour vous dire ce à quoi je pense aujourd'hui : je pense de toutes mes forces qu'il faut s'aimer à tort et à travers. »

Je pense à mon ami Michel qui, hier, me laisse un texto au sujet de Simon, le neveu de sa compagne Anouk, qui depuis deux ans travaillait à *Charlie Hebdo* : « François, je crois que c'est Patrick Pelloux qui a sorti notre Simon de l'enfer. Que tous les hommes humains le remercient et lui soient reconnaissants ! Pleurs et rage. »

Pleurs et rage.

Merci pigeon[1] !

Le Monde des Livres, 14 janvier 2015

C'est la dessinatrice Louison qui, la première, a réenclenché la machine à rire. Saint Pierre sur un nuage tagué, la clef du paradis à la main, l'air accablé : « Ils ont déjà dessiné des bites partout… »

Et puis, Patrick Pelloux en conférence de presse de *Charlie* dans les locaux de *Libé*. À la question : « Qu'est-ce qu'on met dans le journal ? », il répond, faussement négligent : « Je ne sais pas, qu'est-ce qu'il y a dans l'actu ? »

Et puis enfin, ce pigeon. Ce pigeon forcément inspiré par Charb et par Cabu, ce pigeon téléguidé par Wolinski, par Tignous ou par Honoré, ce pigeon nostalgique de Reiser et de Cavanna, ce pigeon lecteur de Bernard Maris, ce pigeon voltairien, hédoniste et sceptique, ce pigeon si français, si malpoli, si mal embouché, ce pigeon irrespectueux, irrévérencieux, franc-tireur, ce pigeon qui ne devait pas supporter cet unanimisme suspect, englobant jusqu'à Ali Bongo et

1. Chronique parue dans *Le Monde des Livres* à la suite des attentats de janvier.

quelques autres chez qui, jusque-là, on n'avait jamais ressenti un militantisme tellement forcené concernant la liberté d'expression et la liberté en général, ce pigeon picoreur de curés qui, sûrement, le matin même avait découvert le logo « Je suis Charlie » sur l'écran de télévision tandis qu'était servie la messe du jour du Seigneur, ce pigeon rétif à la solennité de circonstance, ce pigeon rebelle à l'esprit de sérieux, ce pigeon férocement iconoclaste, joyeusement vengeur, ce pigeon indocile, insoumis, ce pigeon provocateur, ce pigeon irresponsable balançant de la fiente sur le textile comme on jetterait de l'huile sur le feu, ce pigeon qui au moment où François Hollande saluait l'équipe du journal satirique s'est lâché grossièrement, copieusement, sur l'épaule du président, déclenchant le fou rire de Luz et de l'équipe survivante de *Charlie*. Un rire sans doute nerveux mais libérateur. Comme lorsqu'on rit aux enterrements, c'est plus fort que soi. Parce que, après le carnage, la violence, la désolation, les sanglots incontrôlables, la peine immense, le chagrin infini, le désespoir, l'envie de pleurer comme ça, parce qu'on réalise tout d'un coup qu'on ne verra plus jamais un nouveau dessin de Cabu et que c'est triste à pleurer, à gémir, à hurler, il y a le rire. Le rire pour ne pas mourir. Le rire pour ne pas baisser les bras. Le rire pour se battre contre l'obscurantisme, la bigoterie, la connerie. Le rire pour défendre joyeusement ces notions qu'on ne doit jamais perdre de vue et qui sont sur les frontons de nos bâtiments officiels et insolemment mises en avant chaque semaine par les dessinateurs et les rédacteurs de *Charlie Hebdo* : Liberté, Égalité, Fraternité.

Merci pigeon !

Mauvais esprit

16 janvier 2015

Depuis dix jours on rend hommage à Voltaire, qui s'exprimait notamment de façon insolente à travers les dessins de Cabu, Charb, Honoré, Tignous et Wolinski. On a salué l'impertinence, la caricature, la liberté. On a dit combien, dans une démocratie, ils étaient précieux ces quelques messieurs pas tranquilles dont certains étaient déjà vieux et qui représentaient avec force et entêtement cet esprit si français, frondeur, et révolté joyeux et en colère, laïc et spirituel.

Soutenu par cet unanimisme déclaré, France Inter n'a pas manqué de tirer tous les enseignements des événements récemment vécus.

La direction de France Inter a décidé de réintégrer dès lundi prochain son ancien collaborateur Daniel Mermet. On ne connaît pas encore l'horaire de ce nouveau rendez-vous avec « Là-bas si j'y suis », mais on ne manquera pas de vous tenir informés. Si l'âge de Daniel Mermet, ses engagements politiques, son caractère incontrôlable, sa liberté de ton avaient pu lui être reprochés jusqu'alors, ces défauts supposés apparaissent aujourd'hui comme des qualités dont France Inter aurait tort de se priver.

« Salut, c'est Laurence, bien sûr, mon Daniel, tu charries, tu bouscules, tu exagères parfois, mais c'est exactement ce dont nous avons besoin ! Je te dis un gros Merde pour ta nouvelle émission ! »

C'est le message sur le répondeur à nouveau en service de « Là-bas si j'y suis » que vient de laisser notre directrice Laurence Bloch, qui n'est plus désignée dans les couloirs de France Inter que sous le surnom de « Punkie ».

Des discussions sont également avancées avec Didier Porte, avec Stéphane Guillon. Les deux humoristes ont proposé de verser leurs indemnités obtenues grâce aux prud'hommes à une caisse de soutien à *Charlie Hebdo* tandis qu'ils seraient réhabilités par la première radio du service public.

Du côté de *Charlie Hebdo* justement, beaucoup de nouveautés également. Le journal satirique, qui il y a deux semaines était proche de la déconfiture, de la faillite, du dépôt de bilan, apparaît aujourd'hui, après un plan drastique de réduction des effectifs, comme une entreprise particulièrement performante, juteuse et compétitive. Beaucoup s'intéressent à nouveau à son avenir. Beaucoup d'affairistes, d'hommes de l'ombre, amis des différents pouvoirs, tournent désormais assidûment autour du journal satirique. Fort d'un chiffre d'affaires astronomique, de résultats économiques plus qu'encourageants, il serait question que dans les jours qui viennent *Charlie Hebdo* se transforme en multinationale, soit coté en Bourse, rachète M6 et transforme le parc Eurodisney en Eurocharlie. On y verrait, se promenant à travers la foule des intermittents du spectacle endossant les costumes de tous les personnages bien connus que l'on retrouvait régulièrement dans le journal : Maurice et Patapon, le beauf, le légionnaire à chèvre et même Mahomet.

Pardon mais, après les larmes, le désespoir, la tragédie, il faut bien que renaisse un peu le mauvais esprit.

Les nénés de Nicole

23 janvier 2015

Aujourd'hui, le sujet de ma chronique sera encore la liberté de la presse. A-t-on le droit de tout publier ? Faut-il pratiquer l'autocensure quand on est responsable d'un journal ?

Je rappelle les faits. Pendant plusieurs jours, les seins nus avaient disparu de la page 3 du journal très populaire britannique *The Sun*. Et puis, hier, véritable coup de théâtre, authentique coup de Trafalgar, le retour des nichons. Des nichons victorieux, insolents. Des nichons conquérants, arrogants. Des nichons libérés, découverts, frivoles, futiles, qui ne sont même pas là pour illustrer agréablement un article sur la recherche médicale concernant le cancer du sein. Non, non, non, ce n'est pas une photo qui traite un sujet particulier, non, c'est juste les nénés de Nicole, jeune femme pas fière, très avenante et originaire de Bournemouth.

Car le buste féminin, pendant plusieurs jours, avait disparu des écrans radar du tabloïd anglais. La perfide Albion frémissait. Ne plus voir des roploplos en page 3 du *Sun*, c'est comme si la Tour de Londres s'était écroulée sur elle-même, comme si Westminster s'était transformée en entreprise de restauration rapide, comme si la Tamise ne se résolvait plus à se jeter dans la mer du Nord.

Et puis, depuis hier, l'Angleterre s'est réconciliée avec elle-même.

Les roberts sont revenus.

Alors, *a priori*, évidemment, on pourrait penser que les nibards de Nicole n'ont qu'un rapport assez lointain avec l'actualité la plus brûlante.

C'est possible. En même temps, comment évaluer la liberté éditoriale du *Sun* ? Plus que jamais, c'est le moment de s'engager, de prendre position. Il ne s'agit pas de passer à côté de l'information. Comment va réagir dans les prochains jours le journal de France 3, qui a un grand sens de la hiérarchie des informations puisque le 7 janvier, le jour de l'attentat contre *Charlie Hebdo*, il ouvrait son édition du midi sur les soldes de janvier et la terminait par la tradition des bains glacés du Nouvel An avec ces baigneurs qui en France continuent de plonger dans la mer avec courage et résolution pendant toute la saison hivernale à Saint-Gilles-Croix-de-Vie en Vendée.

Fallait-il publier la photo des nichounets de Nicole en page 3 du *Sun* ? La question reste ouverte.

Une fois encore, le monde va se diviser en deux : les laudateurs et les contestataires, les opposants et les glorificateurs. Les roudoudous de Nicole ne laissent personne indifférent… (Remarquez au passage comment avec souplesse je surfe sur la synonymie, conservant dans ma besace tout un tas de mots qui me permettraient encore de ne pas faire de répétitions intempestives : les loloches, les rondins, les cadets, les nichemards, les gougouttes, les garde-côtes, les avant-postes, les mandarines, les pare-chocs, les montgolfières, les titis, les titous, les totoches, les totottes, les toutounes, les trottinets, les frères Karamazov.)

La photo du *Sun* en page 3 est-elle une expression sexiste et rétrograde ? Est-ce au contraire une libre évocation de la jeunesse et de la liberté ? Certains manifesteront-ils pour tenter d'interdire la playmate ? D'autres proclameront-ils : « Je suis Nicole » pour défendre les lolos controversés ?

Je ne sais pas trop. En réalité, peut-être même que je m'en fous un peu. En ce moment, toutes les occasions sont bonnes pour ne pas évoquer un peu plus ce qui plonge dans la détresse et le désarroi.

Connard, crétin

30 janvier 2015

« Connard, crétin. »

Un sondage récent indique que ce sont les insultes les plus courantes et sans doute les plus efficaces de la langue française. Des sondages, on en trouve sur tout. Ce sont des connards qui les font. Ce sont des crétins qui les lisent. Notamment moi.

Le connard, si j'ose dire, a détrôné le con. Ce qui est une bonne nouvelle. Aucune ambiguïté sexuelle dans le terme « connard », qui jamais ne sera le sujet d'un blason.

Le crétin n'est pas forcément des Alpes. Comme l'andouille n'est pas forcément de Vire, même si elle est, à mon avis, indépassable.

« Connard, crétin », vous êtes au volant de votre voiture, au guidon de votre bicyclette, dans vos chaussures de piéton, à chaque instant de la vie, vous avez l'occasion de convoquer ces mots indispensables, essentiels à la vie en collectivité. Vous lisez le journal, vous regardez la télévision, vous écoutez la radio, pour exprimer votre sentiment face à une analyse politique, à l'arrogance imbécile d'un présentateur télé, à la vacuité d'un chroniqueur… « Connard, crétin », on ne fait pas mieux. Vous traversez à pied alors que le petit bonhomme est encore rouge, vous coupez la priorité à bicyclette, vous roulez tandis que le feu n'est plus au vert. Pour gérer la parole entre piétons, cyclistes, automobilistes, « connard, crétin », pour organiser le réseau relationnel entre les divers usagers de la route, « connard, crétin », c'est indépassable, c'est inéluctable, c'est insurmontable.

« Connard, crétin », ce sont de jolis petits mots qui sonnent bien, qui résonnent bien. Deux syllabes, pas plus. Ramassées, expressives, énergiques. « Connard, crétin. » Des mots qui ont l'évidence de la perfection. La certitude de l'excellence.

« Connard, crétin. » Ils riment avec banlieusard ou avec bouquetin, avec flemmard ou margotin, avec gueulard ou cabotin, avec froussard ou calotin, ringard ou philistin. « Connard, crétin. »

Ils sont positivement indispensables dès que vous fréquentez les cours de récréation ou la Chambre des députés. Que ferait-on sans les connards ? Comment survivrions-nous sans les crétins ?

Mais il peut arriver, dans certaines circonstances, que vous ayez besoin d'utiliser des mots plus choisis. Évitez de dire « crétin, connard » lors d'une remise de prix, de l'attribution d'une décoration ou à l'heure du thé chez la duchesse de Montpensier. Dans ces cas-là, préférez un style un peu plus désuet. Oubliez « connard », omettez « crétin ». Dites : « anachorète, aigrefin, dépendeur d'andouilles, gourgandine, grue, chenapan, ironie de la Création, cul de babouin. »

Non : pas cul de babouin.

Si vous êtes dans l'une ou l'autre de nos belles

régions de France, vous pouvez également adapter votre vocabulaire à la spécificité locale. « Aspirateur à muscadet » fera son effet principalement en Loire-Atlantique. « Siphon à beaujolais » aura son succès si vous arpentez le Rhône ou le sud de la Saône-et-Loire, tandis que « pompe à pastis » en Paca trouvera naturellement ses destinataires.

Quelle que soit la région de France où vous demeurez, utilisez avantageusement « brosse à chiottes, face de pet, scaphandrier d'eau de vaisselle ».

Je n'insisterai pas sur les injures scatologiques. Il serait malvenu d'entendre sur le service public des expressions aussi déplacées que « merdeux, merdasse, merdaillon, merde molle, pompe à merde, merdophile », ainsi que toutes les déclinaisons imaginables et infinies.

Voilà ce qu'on pouvait dire ce matin afin de conclure admirablement un « 7-9 » qui avait passé sous silence ce sondage important concernant les connards et les crétins. Que vous entriez vous-mêmes dans l'une ou l'autre des catégories ou que vous y aspiriez, je vous souhaite une bonne journée.

Analyse doubiste

6 février 2015

En ce qui concerne le second tour de la législative du Doubs, dimanche prochain, la position de l'UMP depuis que Nicolas Sarkozy en est le président est claire.

Peut-être n'a-t-elle pas été suffisamment expliquée.

Je vais le faire. Ce n'est pas mon travail. Je trouve un peu paradoxal que ce soit moi qui doive me coller à un exercice pédagogique qui devrait être assuré par les plus grands commentateurs politiques de France Inter, mais puisque le travail n'a pas été explicitement détaillé, je vais le faire par civisme, par volonté d'éclairer les foules, de les édifier, de les instruire, tout simplement par sens patriotique.

Nicolas Sarkozy a pu en effet donner l'impression qu'il enterrait le front républicain en ouvrant un boulevard au Front national. Il n'en est évidemment rien.

Pour vous aider à comprendre une position limpide, j'aimerais que vous soyez assez attentifs à mon explication suffisamment transparente pour pouvoir être résumée en une seule phrase.

Le choix entre le PS et le FN est simple pour l'UMP puisque, quand son candidat n'est pas qualifié pour le second tour, il faut tout simplement voter contre le FN, en choisissant le candidat qui lui fait face, en l'occurrence celui du PS, c'est en effet la position exprimée notamment par Nathalie Kosciusko-Morizet tout en refusant naturellement d'incarner ce système de l'UMPS qui est moqué par le parti de Marine Le Pen et dont il ne faut pas se faire le représentant en exprimant une sorte de mépris vis-à-vis des électeurs et en donnant des consignes de vote dans un sens qui ne serait pas celui de la direction dans laquelle veut se diriger la droite républicaine qui n'a sûrement pas vocation à infantiliser les électeurs de l'UMP car chacun peut bénéficier d'un libre arbitre qu'il soit simple électeur, militant de base ou même député d'une circonscription quelconque, qui aura sans doute peut-être le désir prochain de voter pour défendre la loi Macron malgré les consignes contraires de Nicolas Sarkozy, qui, à ce moment-là, ne seront pas des marques d'infantilisation, car j'aimerais bien qu'on ne mélange pas tout, mais au contraire des demandes de fidélité, d'attachement, de loyalisme, d'allégeance vis-à-vis d'un parti dont le député est le représentant et qu'il n'a pas à utiliser au gré de sa fantaisie surtout quand ce parti connaît des difficultés innombrables, par conséquent le rôle de l'UMP est primordial dans ce second tour doubiste puisqu'il aura le rôle d'arbitre, rôle central, essentiel, déterminant, et qu'il serait malvenu qu'une position floue, brumeuse, imprécise, incompréhensible amène les électeurs sans souci d'élégance ou de raffinement à crier : « Aux chiottes l'arbitre ! », ce qui en tout état de cause obligerait la direction du parti de Nicolas Sarkozy à dire haut et fort que, dans le cas où le PS, bien que devant l'UMP, n'aurait pas la réaction civique de se retirer, ce qui naturellement réglerait le problème puisque dans ce cas-là l'UMP aurait toutes les chances de gagner les élections face au FN, le mieux serait encore de ne pas voter pour le PS ou contre le PS ou en faveur du FN ou contre le FN et contre le PS et que c'est ce courage politique exprimé haut et clair qui laisse augurer des perspectives enthousiasmantes pour l'avenir politique de la France.

C'est clair ou je dois répéter ?

La fête du slip !

13 février 2015

Ainsi que le disait très justement Xavier Darcos hier après-midi tandis qu'il était reçu en séance solennelle sous la Coupole : « En ce moment, sans déconner, en France, on peut pas dire que ça soye la fête du slip ! »

La constatation du nouvel académicien français semblait des plus pertinentes. Et l'on en viendrait à se poser la question suivante : Est-ce que l'on ne serait pas passé à côté d'une occasion en or ? Si Dominique Strauss-Kahn avait été président de la République, la France aurait-elle été plus sexe ?

« J'aime que ce soit la fête. » « J'avais envie de faire la fête, aussi dans sa composante sexuelle », a déclaré l'ancien patron du FMI lors de son audition au tribunal de Lille.

L'occasion ce matin de vous proposer une sorte de Radio-Shopping et de mettre en avant un site sur lequel Patrick Cohen passe la plupart de ses soirées, de ses week-ends. Les âmes les plus charitables ou les plus naïves attribuent son malaise vagal à ses activités professionnelles. Il n'en est rien. Si Patrick est fatigué, c'est parce qu'il a une passion dans la vie, celle des objets présentés sur… « la Fête à gogo ».

Et ça tombe bien en ce vendredi 13 février, puisque la Fête à gogo fournit toute une gamme de produits qui offrent de nombreuses idées de cadeaux, notamment la veille d'une Saint-Valentin que l'on souhaiterait délicate, originale et raffinée.

Je pense notamment au « Slip pour deux ». On a envie de faire plaisir. On cherche un cadeau frais, inattendu et drôle. Pensez au Slip pour deux. Le Slip pour deux est vendu au prix modeste de 5,90 euros.

Le Slip pour deux est conseillé pour les enterrements de célibat, il est particulièrement destiné aux futurs mariés. Il serait également parfaitement indiqué pour les réceptions à l'Élysée. On remarque que le président chinois ou la reine d'Angleterre commencent à trouver le temps long au cours d'une cérémonie qui s'éternise un peu. Le Slip pour deux saura les divertir, les amuser, les distraire. Et sans aucune vulgarité.

Mais le Slip pour deux n'est pas le seul sous-vêtement humoristique qui saura vous dérider. Si je n'étais pas tenu par contrat d'occuper les dernières minutes du « 7-9 » le vendredi, je laisserais la parole à Patrick qui, mieux que moi, saurait vous parler par exemple du Slip disco taille unique en panne de velours violet avec moumoute et boules à facettes, le Slip rasta avec dreadlocks, le Slip Centimec accompagné de son amusant mètre de couturière, l'Exploslip cachant son bâton de dynamite, slip que Bernard Guetta aime porter dans les grandes occasions, ou encore le Pétoslip avec son coussin péteur intégré dont Augustin Trapenard possède toute une collection.

Je n'irais pas jusqu'au bout de mon sujet si je n'évoquais pas les slips féminins, comme le string la Clé du bonheur, en tissu noir avec serrure de la mariée, ou encore le Minou string décoré d'une petite chatte angora et sachant jouer avec les mots dans la plus pure tradition d'un Georges Perec ou d'un Raymond Devos.

Tous ces modèles sont au prix de 5,90 euros. Ils sont livrables sous 24-48 heures. Patrick, je ne crois pas me tromper ?

Vous aussi, dites : « J'aime que ce soit la fête. » Vous aussi, aimez faire la fête dans sa composante sexuelle.

Évidemment, pour que la fête soit vraiment complète, il faudrait que tous les adultes consentants prennent également du plaisir.

Lettre de Félix à Sarah

20 février 2015

Chère Sarah,

Je me présente, vous ne me connaissez pas. Je ne vous connais pas non plus. Je m'appelle Félix. J'ai été marié à Madeleine pendant plus de quarante ans et je suis mort depuis bientôt un siècle.

J'ai appris que vous aviez été victime la semaine dernière d'une profanation dans le cimetière de Sarre-Union. Sarre-Union, en Alsace, dans le Bas-Rhin. Si loin de la mer. Si loin de chez nous. Si loin du cidre, des tripes et du calvados. Pour moi, c'est l'étranger, quasiment. D'ailleurs, quand j'étais gamin, ce n'était pas la France.

Moi, je suis resté à Tracy-sur-Mer, pas loin d'Arromanches. Mon plus grand voyage, ça a été à Granville, quand j'ai fait mon service. Toute ma vie, j'ai travaillé dur comme journalier pour le rémouleur, le forgeron, le sabotier, le taillandier, autant de métiers qui n'existent plus. Madeleine, elle, était femme de ménage, corvéable à merci. Un métier qui existe encore.

On n'était pas malheureux mais, faut dire, on n'économisait pas notre peine. Chaque fois qu'on passait devant l'église de Tracy-sur-Mer, on se disait qu'il serait toujours bien assez tôt pour aller se reposer le restant de l'éternité. Aux gamins, on disait : « Quand vous serez grands, vous viendrez nous apporter un petit bouquet. » Ça leur plaisait pas quand on leur disait ça, j'aime autant vous dire. Surtout la dernière, ça la faisait pleurer. C'est pourtant ce qu'ils ont fait, des années plus tard. Ils ont entretenu les tombes, ils ont désherbé, ils ont mis du gravier et à chaque Toussaint, vous pouvez être sûr, Madeleine et moi, on avait droit à un chrysanthème tout neuf. Et puis à leur tour les enfants sont morts. Les petits-enfants se sont éloignés de Tracy-sur-Mer. L'un est à parti à Caen, l'autre à Cherbourg, le troisième est à Paris. Les arrière-petits-enfants, ils ne pouvaient pas nous oublier vu qu'ils ne nous ont jamais connus. C'est comme ça. C'est la vie.

Mais ici, Madeleine et moi, sous la terre de Tracy-sur-Mer, on se sentait à l'abri. À l'abri de la méchanceté du monde et de sa bêtise. Je vous dis, dans notre tête, on avait toute l'éternité pour se reposer. Et puis l'éternité s'est arrêtée la semaine dernière. Nos tombes cassées, dégradées. Quand j'étais jeune, je rigolais des vieux quand ils disaient : « Il n'y a plus de respect », mais dans le fond j'avais tort, parce que quand il n'y a plus de respect, il n'y a plus d'humanité.

Chère Sarah, vous êtes juive, moi je suis catholique. Dans l'église de Tracy-sur-Mer, j'ai été baptisé, je me suis marié, et c'est là qu'a eu lieu mon enterrement. J'étais content, il y avait du monde. Même qu'il y en a, ils n'avaient pas pu entrer dans l'église.

Chère Sarah, aujourd'hui, votre douleur est la mienne. Vos interrogations sont les miennes. Qu'est-ce qui s'est passé ? Qu'est-ce qui s'est cassé pour que dans des esprits perdus, le sens de la vie et de sa dignité ait à ce point disparu ?

Je me pose la question et je ne trouve pas de réponse sous ma croix brisée.

Madeleine se joint à moi, chère Sarah, pour vous dire notre désarroi, notre sympathie et, de confiance, notre grande affection.

Félix

Des nouvelles du Bon Dieu

27 février 2015

Bonjour, je me présente, je suis l'attaché de presse du Bon Dieu. Dans un milieu extrêmement compétitif sur le marché de la foi, des croyances, de la sorcellerie, je peux dire que je touche ma bille : depuis une éternité, la couverture médiatique du Bon Dieu est énorme, gigantesque, indépassable. Le Bon Dieu fait le buzz. Son plan média est infaillible puisqu'on ne Le voit jamais et qu'Il reste énormément présent dans de nombreux esprits. En effet, sans apparaître jamais publiquement, un peu à la manière d'un Jean-Jacques Goldman, qui reste la personnalité préférée des Français sans jamais participer à aucune émission de télévision, le Bon Dieu, qui est à peu près de la même génération que Michel Drucker, ne S'est encore jamais assis sur son fameux canapé rouge. Pourtant, quelle carrière ! Quels souvenirs, mon Dieu !

Mais voilà, le Bon Dieu, Il est comme ça, Il a Son petit caractère, et Il n'a pas très envie de communiquer sur Son quotidien. Il pense, peut-être à juste titre d'ailleurs, qu'une part de mystère est indispensable pour conserver Son aura. Parfois, j'avoue que j'aurais envie de L'encourager à faire juste une petite apparition, mais non, le Bon Dieu est intraitable !

Pourtant, moi, en tant qu'attaché de presse, je ne peux pas constamment frustrer tous ces millions de followers, d'admirateurs qui aimeraient bien en savoir un peu plus sur la manière dont Il occupe Ses journées.

C'est très simple, depuis une éternité, peut-être même un peu plus, le Bon Dieu est vautré dans les nuages comme sur un canapé Ikea, Il a une zapette à la main. Ça Lui permet de regarder sur grand écran les différentes parties du monde. Il n'est pas malheureux, Il a tout un tas de petits anges autour de Lui qui volettent et qui Lui apportent des rafraîchissements quand Il en a envie. De temps en temps, les anges descendent sur terre pour se dégourdir les ailes. Mais pas souvent. Ils se disent que, s'ils apparaissent trop sur la planète, ils vont finir par agacer. « Regardez Mimie Mathy, m'a récemment dit un chérubin, elle sourit, elle est gentille, et tout le monde lui tombe dessus. Babette de Rozières la traite de raciste. Patrick Timsit parle de son trou de balle. Pour vivre heureux, vivons cachés. » (J'ai été très surpris par la façon dont les anges dans le ciel sont au fait de l'actualité médiatique française.)

Il y a deux mille ans, le Bon Dieu avait envoyé Son fils sur la terre. Ça Lui avait permis de lancer la machine. Ça Lui avait permis d'avoir une grosse actu. Aujourd'hui, le Bon Dieu est un peu, comment dire ?, morose. Il Se dit que tous ces combats, toutes ces guerres, ces conflits armés, c'est un peu trop. Récemment, Il a croisé Jacques Chancel qui Lui a demandé : « Et l'Homme dans tout ça ?

— Bah, a répondu le Bon Dieu, Moi au départ, Je vous signale, Je suis Amour, alors il ne faut pas croire que ça Me fasse plaisir quand l'Homme met la planète à feu et à sang… » Et puis, Il a cité Albert Camus. « Peut-être vaut-il mieux pour Dieu qu'on ne croie pas en lui. »

Alors, moi, en tant qu'attaché de presse, je rends mon tablier, je propose qu'on ne croie plus en Lui et qu'on essaie de vivre heureux sur la terre, comme dirait Prévert, « rien que pour donner l'exemple ».

Brassens & Charb

6 mars 2015

Les Amis de Georges est un magazine entièrement consacré à Georges. Attention, pas n'importe quel Georges. Si vous êtes monomaniaquement passionné par Pompidou, Marchais, Guétary, Pernoud, Simenon, Lautner, vous risquez de ne pas entièrement y trouver votre bonheur.

En revanche si Brassens vous enthousiasme, vous enfièvre, vous exalte, vous électrise, vous enflamme ou tout simplement vous console et vous réjouit, vous êtes l'abonné idéal de cette revue bimestrielle.

Dans son numéro 144, mars-avril 2015, on peut lire une interview de Charb par Christian Deville-Cavelin.

Charb s'explique sur une fatwa qu'il avait lancée en décembre 2014 : « Mort à Brassens. » Charb déclenchait des fatwas chaque semaine dans *Charlie Hebdo*. Des fatwas contre les chaussures à talons-aiguilles, contre les lampes basse tension, les verres mal rincés ou les dessins d'enfants au bureau. Des fatwas pour rire. Jamais je n'ai croisé Charb une kalachnikov en bandoulière. Donc la fatwa contre Brassens ne m'avait pas bouleversé. D'autant que lancer des fatwas contre des personnes déjà décédées, ce n'est pas très sérieux. C'est peut-être pour ça que, amateur de Brassens, je n'ai jamais pensé à reprocher à Charb son texte contre celui qui, selon lui, « chantait avec des patates chaudes dans la bouche, chuintait et décrivait une France morte, celui dont l'anarchisme en bocal ne menaçait plus personne ».

Charb, tu pouvais bien penser ce que tu voulais de Brassens. Ça ne retirait pas un seul gramme de l'admiration et de l'affection que je vouais à Georges, pas un seul atome de l'amitié que je te portais. Individualiste, je suis d'accord pour qu'on ne soit pas d'accord avec moi.

Gloire à qui n'ayant pas d'idéal sacro-saint
Se borne à ne pas trop emmerder ses voisins.

Je ne t'emmerdais pas avec mon amour pour Brassens. Tu ne m'emmerdais pas avec ta détestation de Brassens.

D'autant que cette détestation déclarée visait plutôt ses adorateurs, ses idolâtres, ses iconolâtres. Je cite Charb : « Ce qui me paraît étonnant, c'est que Brassens, qui se revendiquait anarchiste, soit encensé comme un dieu vivant ou un prophète ! Il est intouchable comme le sont les gourous. Alors même qu'il était idéologiquement en décalage avec un tel mode de pensée. C'est ce décalage entre l'adoration des ultras pour Brassens et ce qu'on sait de ce dernier qui m'a amusé. J'imagine que, pour Brassens, être adulé de la sorte devait être assez compliqué. »

Les paroles de Charb font écho aux événements

récents et à la façon dont *Charlie Hebdo* pourrait être considéré.

J'ai repris certaines réponses de Charb et remplacé « Brassens » par *Charlie Hebdo*.

« Le meilleur moyen d'aseptiser une œuvre, c'est d'affirmer haut et fort qu'on l'aime, que tout le monde l'adore et de l'étouffer sous les bisous. Quand la bourgeoisie commence à dire qu'elle aime *Charlie Hebdo*, c'est inquiétant pour le sens qui lui est alors donné. Quand *Charlie Hebdo* fait le consensus de l'extrême droite à l'extrême gauche, que reste-t-il de lui ? Pas grand-chose. »

Merci, Charb, de nous faire réfléchir et je renvoie tout le monde à la lecture de *Charlie Hebdo* et des *Amis de Georges*, et naturellement à l'écoute des chansons de Georges Brassens.

Comment savoir si son congélateur a bien fonctionné

13 mars 2015

Je profiterai de mon papier du jour pour répondre à mon courrier, nombreux, riche et extrêmement hétéroclite. Par exemple, Mme Lelay de La Garenne-Colombes m'envoie la lettre suivante : « Monsieur Morel, à vous dont les chroniques sont nos petits rayons de soleil du vendredi matin, je voudrais vous poser la question suivante : mon mari et moi avons un congélateur dans notre résidence principale située à La Garenne-Colombes que nous quittons régulièrement pour aller visiter nos enfants et garder nos petits-enfants qui habitent sur la côte atlantique, non loin des Sables-d'Olonne, et nous aimerions savoir pendant les périodes où notre maison de La Garenne-Colombes reste vide si notre congélateur a bien fonctionné sans interruption et donc sans conséquences pour notre hygiène alimentaire. J'ai adressé un courrier similaire à M. François Rollin il y a quelques années, du temps où il officiait à France Culture, et je dois reconnaître que ce monsieur dont je ne remets pas en cause le talent n'a jamais pris la peine de répondre à ma question. Je ne doute pas, cher François Morel, que vous saurez réagir avec une autre attitude, vous dont la probité, la grandeur d'âme, l'absence de vulgarité permettent d'élever au plus haut l'esprit du service public. »

Chère madame Lelay, je ne jetterai personnellement pas la pierre à mon chevronné confrère, même si je dois bien admettre qu'une réponse de sa part aurait été bienvenue, d'autant que François a beaucoup de loisirs, passant la plupart de son temps à fumer la pipe et boire des bières aux terrasses de café où, quelquefois, il reçoit quelques apprentis humoristes venus des provinces françaises les plus reculées, bafouillant, transpirant, impressionnés de se trouver face au maître de l'humour français et rêvant de tirer leur épingle du jeu dans la jungle luxuriante et encombrée de la rigolade parisienne, et que, chère madame Lelay, je suis bien d'accord avec vous, le professeur Rollin, c'est quand même bien vous qui le faites vivre en le suivant fidèlement de France Culture à France Inter, et qu'il n'a pas beaucoup, c'est vrai, la reconnaissance du ventre.

Croyez bien, chère madame Lelay, que je me permets d'appeler Odette puisque vous avez l'amabilité de me préciser votre prénom, que je ne manquerai pas de lui faire la réflexion quand je le croiserai prochainement dans les couloirs de France Inter, d'une manière habile, sans volonté de le froisser mais en lui disant comme si de rien n'était : « Tiens, dis donc, François, Mme Lelay de La Garenne-Colombes, on dirait que tu as oublié son adresse ou quoi ? » Je sais que François est suffisamment fin pour saisir l'allusion au vol et je ne serais pas autrement surpris si dans les jours qui viennent vous receviez une missive signée de sa main vous présentant ses excuses et vous invitant à l'un de ses galas.

Ma petite Odette, pour être certaine à votre retour de Vendée que votre congélateur de La Garenne-Colombes a bien fonctionné sans interruption, il vous suffit de remplir la moitié d'une bouteille d'eau, de la congeler puis de la retourner afin que l'eau congelée soit en haut. Si à votre retour le glaçon est en bas, c'est qu'il a fondu à un moment, et donc qu'il y a eu un souci. Il est alors déconseillé de consommer le contenu du congélateur.

Je regrette quand même un petit peu que mon ami Rollin n'ait pas eu la courtoisie de vous répondre il y a de cela plusieurs années, il vous aurait quand même évité bien des gastro-entérites, des diarrhées, des flatulences, des intoxications alimentaires dont vous vous seriez volontiers passée.

J'aurai eu le temps ce matin de répondre au seul courrier d'Odette et je le regrette. J'aurais aimé renseigner Micheline de Domont, qui voulait savoir dans quelle poubelle, ordures ménagères ou poubelle jaune, elle devait jeter ses tickets de carte de crédit bancaire.

Je traiterai prochainement la question de Micheline à moins que François Rollin, finalement bon garçon, voulant se rattraper, n'y réponde préalablement.

Chouchou !

20 mars 2015

Je voulais répondre ce matin à M. François Rollin, chroniqueur à France Inter, au sujet d'une polémique qui fait suite à un courrier de Mme Lelay, Odette Lelay, concernant son congélateur. Je le ferai, soyez-en sûrs, dans les semaines qui viennent. Je ne suis pas du genre à fuir la controverse. M. Rollin ne perd rien pour attendre. Ma réponse est déjà prête, elle est actuellement lue par mes différents conseils et avocats afin qu'aucune parole que je prononcerai ne puisse donner matière à procès et complications procédurières. Je préfère prendre mes précautions avec le sieur Rollin. Les révélations que je n'hésiterai pas à faire sur les rapports qu'il entretient avec le gros électroménager risqueront de ne pas passer inaperçues…

M. Rollin, sans doute par envie, tant ma cote de popularité est énorme, notamment auprès de mes supérieurs hiérarchiques, a cru bon de m'appeler « le chouchou ». Rancœur ? Amertume ? M. Rollin serait certainement surpris d'apprendre que je n'hésite pas à m'exprimer parfois avec la plus grande liberté, voire avec la plus totale insolence, et ceci même vis-à-vis du président-directeur général de Radio France.

M. Mathieu Gallet lui-même pourrait en témoigner. Samedi dernier, tandis que je passais mon après-midi à nettoyer sa Jaguar dans le parc de sa propriété, m'apercevant que ses jantes avaient été salies par une boue calcaire et particulièrement collante, je me suis permis de lui signifier, avant de les lui astiquer : « Dites donc, monsieur le président, je ne sais pas comment vous avez fait votre compte pour salir votre voiture à ce point ! »

« Comment vous avez fait votre compte pour salir votre voiture à ce point ! » Voyez que je ne mâche pas mes mots. Voyez que je n'emprunte pas les chemins de traverse pour exprimer tout à trac une parole claire et frontale et volontiers impertinente. J'aime autant vous dire que M. le président-directeur général en est resté comme deux ronds de flan.

Alors, je sais que certains, sous prétexte que je passe tous mes week-ends chez M. Gallet, m'occupant de ses chevaux, de ses affaires, de ses chasses, ne pourront pas s'empêcher de m'accuser d'être un jaune, un salaud, un social-traître. Quelle médiocrité ! Les rapports ainsi que les limousines de collection que j'entretiens avec M. Gallet sont parfaitement clairs. Je lui rends quelques menus services en échange d'un refuge qu'il m'octroie, au fond de son parc, dans une cabane en bois où je peux tout à loisir profiter du bon air chaque fin de semaine loin de la pollution citadine.

Je connais bien M. Gallet. C'est pourquoi je trouve déplacé le procès que lui font certains syndicats, toujours mécontents, toujours revendicatifs, toujours grincheux, au sujet de la rénovation de son bureau. Quand, au moment où Radio France cherche

50 millions d'économies et le moyen de compenser un déficit de 21,3 millions d'euros, M. Gallet rénove son bureau pour 105 000 euros, quand il fait restaurer les boiseries en palissandre, quand il remplace une moquette neuve par une moquette encore plus neuve, je suis bien d'accord avec Mme Catherine Sueur, la directrice générale de Radio France, qui dit que ces dépenses n'ont « rien d'excessif ». D'ailleurs, n'est-ce pas le personnel de nettoyage qui, chaque fois qu'il ira faire le ménage dans le bureau présidentiel, sera le premier à en profiter ?

Et ce François Rollin qui me traite de chouchou. Non mais, quel jaloux !

Nouvelles de France Inter

10 avril 2015

Bonjour Philippe[1], ça fait donc presque un an que vous avez quitté la direction de France Inter. Je pense qu'il n'est pas inutile de vous donner quelques petites nouvelles fraîches de la chaîne.

Bon, en gros, tout va bien. L'ambiance est superbonne. Tout le monde est content.

Laurence Bloch, finalement, a gardé le même coiffeur. Maniatis, toujours. Bon, mais comme c'est pas donné et qu'il faut quand même faire des économies, elle demande toujours qu'un petit stagiaire s'occupe d'elle. Comme ça, en général, ils lui font une ristourne. La dernière fois, c'est Kevin qui lui a fait le brushing. Le résultat, bon… vous pouvez le découvrir par vous-même. Enfin, si vous réussissez à la voir, parce que depuis elle est claquemurée dans son bureau. Certains pensaient que c'était pour ne pas croiser les syndicalistes de Sud Radio mais non, c'est à cause de sa coiffure. Cette fois-ci, Maniatis a été sympa.

1. Philippe Val était ce matin-là l'invité de Patrick Cohen.

Au moment de payer, c'est lui qui a donné un peu d'argent à Laurence. Voilà… Remarquez, c'est peut-être avec des petits gestes comme ceux-là qu'on pourra assainir les finances de Radio France. Kevin, lui, a bien sympathisé avec notre directrice. Vu qu'il est spécialiste en balayage, il a été recruté à la direction des ressources humaines de France Inter.

Je ne sais pas si vous avez remarqué mais on a conservé pas mal de choses que vous aviez mises en place pendant votre passage à France Inter. Enfin, essentiellement le meilleur. Notamment, moi.

On a aussi recruté des nouvelles têtes, bon, il fallait bien se renouveler un peu. François Rollin. Bon, vous avez sûrement été au courant de cette affaire qui a un petit peu mis le feu aux poudres. Mme Lelay. Son congélateur… Bon, François Rollin a réagi avec son tempérament. Personnellement, je ne lui en tiens pas rigueur. D'autant que, lorsqu'on voit le brushing de Laurence Bloch, on se dit qu'il y a quand même des problèmes plus graves à traiter à Radio France.

Sinon, vous avez dû lire ça dans les journaux, M. Gallet a changé sa moquette. Il faut dire qu'elle en avait bien besoin. Elle avait pas été remplacée depuis au moins trois mois. Une bonne moquette, c'est important. D'ailleurs, M. Gallet a décidé de licencier son conseiller en image pour engager un conseiller en moquette.

À ce propos, Mondial Moquette a décidé d'être partenaire pour ma chronique. En effet, chaque producteur, chaque animateur, chaque chroniqueur aura désormais l'obligation de trouver un sponsor qui prendra en charge ses émoluments. En ce qui me concerne, je ne vous cache pas que ça bataille dur en ce moment entre Mondial Moquette et le pâté Hénaff qui m'a déjà envoyé une belle boîte de pâté et pour laquelle je le remercie très sincèrement.

La balle est désormais dans le camp de Mondial Moquette.

Une lettre d'amour

17 avril 2015

Depuis combien de temps je te connais ? Tu as raison, ça ne se dit pas. Un paquet d'années. Oh puis, tais-toi, ça ne regarde personne. Ce qui est sûr, c'est que ça fait un moment.

Oui, ma chère radio de service public, j'avais envie de t'écrire une lettre. Une lettre de reconnaissance, une lettre d'affection. N'ayons pas peur des mots, c'est une lettre d'amour. Oui, j'ai eu envie de t'écrire une lettre d'amour après cette période de silences et de séparation forcée et ces orages qui ont éclaté dans un ciel toujours menaçant. Parce que, bien sûr, nous eûmes des orages. Cinquante ans d'amour, c'est l'amour fol.

Au début, toi et moi, c'est une relation interdite, clandestine. Souviens-toi. On se donne des rendez-vous en cachette. Mais c'est juste une approche, le temps des préliminaires. Sous la couette, je t'allume *(générique les Parisiennes de José Artur)* et toi, tu me fais voyager. Tu me fais découvrir le monde. À la fin de mes journées de lycée, pour te retrouver, je pédale ferme. Je ne veux pas rater un seul rendez-vous avec toi. À 17 heures *(générique « Radioscopie »)*, véritablement, mon cœur chancelle, rien qu'en écoutant le son de ta voix.

Ça fait combien de temps qu'on se connaît ? On s'en fout. C'est pas la question. Ce qui est sûr, c'est que depuis ce temps-là, toi et moi, on ne s'est jamais quittés. Tu m'as sûrement appris le second degré un peu chic *(Bonjour de Pierre Bouteiller sur générique « Quoi qu'il en soit »)*, un peu suave, tu as fait mon éducation, tu m'as fait rire, tu m'as fait réfléchir. Dans le fond, tu m'as fait grandir.

Parfois aussi, et je ne te félicite pas, tu réussissais à me détourner de mes études lorsque, à vingt ans, je ne pouvais pas imaginer ma journée d'étudiant sans écouter Claude Villers, Luis Rego et Pierre Desproges *(et mon courroux coucougénérique « Tribunal »)*. Je ne savais pas alors que, mine de rien, je prenais des cours en t'écoutant, que ton humour, ton goût des mots me serviraient plus tard.

Depuis combien de temps on est ensemble ? Si on te demande, dis que tu n'en sais rien. Je te fais confiance, tu sais être discrète, légère, secrète. Parce que c'est ça que j'aime en toi, même si je me doute bien que je ne suis pas le seul à t'aimer, à te faire la cour, tu réussis à garder avec chacun une relation d'intimité et de proximité et de fidélité. Parce que, quand tu t'adresses à moi, j'ai l'impression que c'est à moi seul que tu parles. Parfois, notre relation a pu agacer autour de moi, créer des jalousies. « On pourrait pas rester deux minutes sans ta radio ? » « Tu veux pas lui couper le sifflet par moments ? » J'avoue, j'ai tendance avec toi à être un peu exclusif.

Un jour, toi et moi, c'est devenu vraiment sérieux. Je suis rentré dans toi. En douceur. Sans violence.

Soyons juste, au début, je crois que tu ne t'en es pas tellement aperçue. Moi, j'étais trop impressionné. Je perdais mes moyens. Et toi, ça ne te faisait ni chaud ni froid. Et puis on s'est apprivoisés. J'ai pris un peu plus d'assurance et j'ai commencé à négocier mon désir. Toi, de ton côté, tu ne semblais pas mécontente…

Aujourd'hui, on est en train de penser pour toi. On dit qu'il te faut évoluer, que tu dois épouser le siècle nouveau. Peut-être. Que tu dois faire des économies, des efforts. Sûrement. Mais n'oublie pas de rester ce que tu es. Ne cherche surtout pas à singer la télévision. Prends le temps. N'aie pas peur des silences quand ils sont les temps de la pensée, de l'émotion. Ne crains pas d'être zappée. Ceux qui t'abandonnent trop vite ne te méritent pas. Ne te vends pas aux marchands et aux publicitaires. Sois généraliste tant que tu veux, mais ne sois pas commune. Sois fédérative autant que tu peux, mais ne sois pas ordinaire.

Parce que si un jour tu cessais complètement d'être insoumise, curieuse, intranquille, moi, je t'aimerais un peu moins, et puis un jour je pourrais ne plus t'aimer du tout.

Prends soin de toi, ma chère radio de service public.

Ce n'était rien d'autre qu'une lettre d'amour.

Acronymes

1er mai 2015

C'est compliqué, la politique. Ne dites pas le contraire, c'est très compliqué.

Par exemple, régulièrement la droite change de nom. UNR UDR RPR UMP. Quand l'air devient trop vicié, rien de mieux qu'un petit nettoyage de printemps. Aujourd'hui, Nicolas Sarkozy, qui veut se débarrasser de l'UMP aux senteurs bygmalioniennes un peu trop entêtantes, a dit : « Le temps des acronymes est fini. »

Pourquoi un responsable politique dit ça, je ne sais pas. Peut-être parce qu'il ne peut pas dire : « Le temps du chômage, de la récession, de la crise, c'est fini. » Mais le temps des acronymes, bon, il peut dire. Ça ne mange pas de pain. Le PAIN pourrait être un acronyme : le Parti Aristocratique Indépendant National.

Car si M. Sarkozy pense que l'UMP est un acronyme, il se trompe vu que l'UMP n'est pas un acronyme mais un simple sigle. Je ne voudrais pas ramener ma science afin qu'on ne me confonde pas avec le professeur Rollin, mais un acronyme est un sigle, d'accord !, mais qui se prononce comme un mot normal et non pas lettre par lettre.

(La LETTRE pourrait être un acronyme de la Ligue Étrangère Territoriale Travailleuse Radicalement Écologiste.)

Le Benelux, l'Otan, le Medef, voilà des acronymes. Le PS, le FN, le TGV, la SNCF, la RATP, EDF-GDF n'en sont pas.

Le sida est un acronyme comme la Fifa ou le Smic.

Dans la phrase « Le président de l'UMP est un ovni », l'acronyme est en dernière position.

Donc, M. Sarkozy veut appeler son parti « Les Républicains ».

À part les monarchistes, personne ne dit en France qu'il n'est pas républicain. Demain, on entendra des dialogues inouïs.

« Vous êtes républicain ?

— Bien sûr que oui !

— Vous allez donc voter Nicolas Sarkozy ?

— Bien sûr que non !

— Vous êtes donc antirépublicain ?

— Bien sûr que oui. »

C'est compliqué, la politique. Pourquoi, dès qu'ils prennent une position, les hommes politiques souvent ne font que rajouter un peu de chaos à la confusion du monde ?

Ce qu'on pourrait faire, c'est décider que le mot pluriel « Républicains » serait acronymique en considérant qu'il désigne le Rassemblement Essentiellement Populaire Unificateur Balnéaire Libéral Indépendant Carrément Altruiste Inopinément Nationaliste Social ou le Rêve Émanant Pourrait Universellement Bousculer Les Irrémédiables Caciques Avec Ironie Notoire ou le Ramassis Ectoplasmique Poussivement Urticant

Blennorragique Lobotomisé Instantanément Chauffé Avec Ivresse Naturelle.

Ou, plus légèrement, on pourrait jouer du diminutif. La droite pourrait s'appeler les REP : les Républicains Évidemment Libéraux. Les gens de droite diraient : « Moi, monsieur, je suis REP comme républicain ! » Les gens de gauche pourraient dire : « Moi, monsieur, je ne suis sûrement pas REP, je suis républicain ! »

Monsieur Sarkozy, si ce matin j'ai pu vous apprendre quelque chose, j'en suis heureux : UMP n'est pas un acronyme. C'est compliqué, la langue française.

Presque autant que la politique. Franchement, le plus simple, ce serait que la droite s'appelle la droite. Voilà, un truc clair, net, sans bavures.

Dans ce cas-là, bien sûr, il faudrait que la gauche évite de ressembler à la droite…

C'est compliqué, la politique.

Lettre à François Rollin[1]

8 mai 2015

Cher François, j'ai sans doute eu tort il y a quelques semaines de remettre en cause ta probité intellectuelle concernant une question que Mme Lelay de La Garenne-Colombes t'avait soumise concernant son congélateur. Je te prie de bien vouloir m'excuser mais je me suis souvenu avec quel enthousiasme, quelle fougue, quelle inspiration, toi et moi, du temps lointain de notre jouvence, dissertions sur tout ce qui est appareils ménagers destinés à stocker durablement les aliments surgelés.

Nous étions jeunes. Nous étions fous.

Pendant des heures, nous échangions sur les congélateurs. Nous étions insatiables. Nous étions enfiévrés. Je me souviens comment tu t'enflammais, François, sur les quatre étoiles capables de maintenir une température inférieure ou égale à moins six degrés. Moi-même, je me passionnais alors pour la congélation des légumes et des fruits nécessitant d'être blanchis afin de

1. Je renvoie le lecteur au podcast de France Inter afin d'écouter les réponses de François Rollin, humoriste inspiré, précieux.

détruire certains enzymes responsables de la destruction des aliments. Aucun détail concernant l'activité des micro-organismes ne nous échappait.

Parfois, François, souviens-toi, tu pouvais m'appeler au beau milieu de la nuit parce que tu venais de découvrir l'existence d'un appareil à trois zones appelé chronothermomètre indiquant non seulement une hausse de température mais la durée de cette hausse. Parfois, te sachant à l'autre bout du monde, je n'hésitais pas à t'appeler pour disserter sur le froid ventilé qui permettait une réfrigération beaucoup plus homogène dans l'enceinte du congélateur. Notre soif de connaissance concernant la congélation était dévorante, inextinguible.

Oui, François, nous étions fous. Nous étions jeunes.

Aujourd'hui, tu me dis que les congélateurs ne t'intéressent plus, que tu es passé à autre chose, j'en prends bonne note et je respecte ton évolution, même si elle m'attriste. Je te fais le serment que plus jamais je ne te solliciterai sur ces questions qui t'apparaissent aujourd'hui subalternes. Et pourtant je viens de découvrir un freezcube alerte de décongélation qui prévient les ruptures de température et réduit les risques d'intoxication alimentaire. Il est à 9,99 euros seulement, mais à quoi bon t'en parler, François, tu es si loin désormais, comme si ma langue devenait étrangère lorsque j'évoque l'électroménager.

Tu me reproches par ailleurs d'avoir déclaré au Lion d'or de Romorantin au sujet de Nicole Ferroni : « Elle est formidable, ma Nini. » Je ne pense pas, excuse-moi, François, que cette déclaration privée et citée hors de son contexte avait sa place sur les ondes de France Inter.

Je n'aurais moi-même pas pensé devoir révéler cette

phrase qui a fait son petit effet quand tu l'as prononcée au Comptoir de Maître Kanter à Bar-le-Duc : « Soso, elle est trop ! » Sophia Aram, j'en suis sûr, appréciera.

Mon cher François, oublions ces chamailleries, accepte que je t'embrasse, moi qui reste fidèle aux rêves qui nous animaient quand, adolescents, nous avions en nous la passion que nous imaginions inépuisable, inapaisable, dévorante, infinie, du gros électroménager.

J'étais pas né

15 mai 2015

Vous l'avez forcément entendu. Ne me dites pas que ça ne vous est jamais arrivé. Dans une conversation avec un plus jeune que vous, vous évoquez une chose qui ne fait plus l'actualité. Un truc un peu périmé qu'on ne retrouve guère que dans les vide-greniers et certains recoins de votre mémoire. Le bi-bop, le télégramme, le pneumatique, le Régé Color, l'entremets Francorusse, la poubelle de table…

Au détour d'une phrase, vous qui n'êtes plus un perdreau de l'année, une perdrix de saison, vous faites allusion à une ancienne vedette carrément passée de mode, Philippe Clay ou Mathé Altéry ou Line et Willy ou Gloria Lasso ou Georgette Plana ou Colette Deréal qui chantait *À la gare Saint-Lazare*, vous évoquez un écrivain comme Frison-Roche, Gilbert Cesbron, Roger Peyrefitte, Bernard Clavel, qui ne sont plus tellement lus, vous suscitez le souvenir des pièces de Marcel Achard, de Félicien Marceau, d'Arthur Adamov, qui ne sont plus souvent montées, vous reviennent en mémoire Bill Deraime, Desireless, Charlotte Julian, Nicole Rieu ou Robert Palmer, vous vous souvenez d'une personnalité médiatique qui n'a aucune chance d'être invitée dans « L'Instant M », Jean Bardin, Jacques Rouland, Harold Kay, des artistes trop oubliés, voire trop décédés pour passer sur Nostalgie, Pierre Dudan, Francis Lemarque, Micheline Dax ou Jacques Bodoin. Jacques Bodoin qui, je le rappelle, faisait la voix de Pollux. « De qui ? – De Pollux, *Le Manège enchanté*, Azalée la vache, Ambroise l'escargot et Zébulon monté sur ressort Tournicoti Tournicoton. » Et là, comme un couperet, tombe la réplique fatale du bleu, la réponse toute faite du novice, l'argument définitif du jeune…

« Connais pas. Excuse-moi mais j'étais pas né. »

« J'étais pas né. » Cette phrase, c'est une gifle, c'est un coup de poing dans le ventre, c'est un uppercut. Parce qu'il y a de l'insolence dans cette remarque, de la morgue, de l'outrecuidance. On vous fait remarquer que vous avez pris un coup de vieux, que vos références sont datées. Pire que ça. En disant : « J'étais pas né », on fait la réclame de ses lacunes. On célèbre sa déficience. On revendique son ignorance.

Bien sûr qu'il n'y a pas de honte quand on est jeune à ne pas connaître Pierre Roche ou Patachou ou Fred Mella, mais il n'y a aucune raison de s'en flatter. Bien sûr aucun déshonneur quand on a moins de vingt-cinq ans à ignorer Pierre Lazareff, Chaval et Raymond Savignac, mais il n'y a aucune raison de s'en féliciter.

D'autant que les références peuvent être encore plus notoires…

« Qui ça ? Jacques Brel, Pierre Mendès France, Françoise Giroud, Jacques Chaban-Delmas, Louis XIV, Rina Ketty, Jean-Paul Sartre, Victor Hugo ? Excuse-moi, j'étais pas né. »

Et c'est incroyable à la fois de bêtise et de prétention cette réponse parce que, enfin on veut dire quoi, que l'on ne devrait être curieux que de ses contemporains ? Que Colette, Jules Renard, Marcel Aymé sont beaucoup moins intéressants que Paris Hilton, Jean-Marc Morandini et Benjamin Castaldi, sous prétexte qu'ils ont le considérable désavantage d'être morts et enterrés ? Et c'est incroyable de stupidité et d'arrogance cette justification parce que chacun serait un Jésus-Christ référentiel, parce que l'histoire de l'humanité ne devrait commencer qu'avec sa propre naissance ? Que seule l'immédiateté aurait de la valeur ?

Comment avancer comme argument « J'étais pas né » quand des ordures, des cinglés, des fous, des barbares détruisent les œuvres d'art du musée de Mossoul, comme hier les nazis brûlaient les livres ?

Je veux bien que le Conseil de l'Europe oblige la loi française à interdire l'administration des châtiments corporels, des gifles, de la fessée.

Sauf pour ceux qui me disent quand j'évoque le journal *Pilote*, Pierre Louki ou Jean-Michel Caradec : « J'étais pas né. »

Ode à Fabrice Luchini

22 mai 2015

Il est en ce moment un phénomène unique
Un miracle inouï un exploit fantastique
Un théâtre privé à Paris se remplit
Grâce à un homme seul et à la poésie
Pas de portes qui claquent pas de maris cocus
Pas de femmes légères pas de souffleurs non plus
Il n'y a pas de placard il n'y a donc pas d'amants
La scène est sans décor le verbe suffisant
Pour créer à lui seul mille et un paysages
La mer et ses rouleaux le ciel et ses nuages
Les merveilleux nuages vaporeux irréels
(Les costumes ne sont pas signés Donald Cardwell)
L'acteur n'a que les mots pour habiller les anges
Qui vont autour de lui dans ce théâtre étrange
On écoute Rimbaud et Labiche et Flaubert
Céline en Amérique et à Paris Molière
On entend Baudelaire et parfois Roland Barthes
(Les décors ne sont pas signés par Roger Harth)

Il est en ce moment un fait prodigieux
La rue des Mathurins connaît des jours heureux
De province et Paris la foule vient en nombre
Pour pouvoir assister dans la douce pénombre
Au mariage subtil du verbe et de l'esprit
De la pensée qui court et du mot bien choisi
Ceux qui n'ont pas de place doivent patienter
Pendant des jours des mois des saisons des années
En juin 2023 il reste un strapontin
En haut du paradis Rangée X Place 20
C'est derrière un pilier sans visibilité
Je veux dès aujourd'hui déjà le réserver !
« Roger, habille-toi on part aux Mathurins
Pascaud, Héliot, Tesson, tout le monde en dit du bien
Tu sais, c'est cet acteur qui imite Johnny
Chez Ruquier chez Drucker : Fabrice Luchini
Ça doit être rigolo c'est quoi au juste le pitch ?
J'en sais rien, c'est un gars qui dit du Friedrich Nietzsche »

Il est en ce moment un succès fantastique
Dans le cœur de Paris enflammant le public
Un acteur seul en scène tient salon littéraire
Élitaire pour tous pour chacun populaire
Il fait ce qui lui plaît dit du Paul Valéry
Puis récite en verlan une fable choisie
Pendant un récital consacré à Jouvet
Un soir je fus surpris de le voir m'imiter
(Bonjour Bruno, comment t'appelles-tu ? Bruno ? C'est pas joli comme prénom)
Est-ce un clown un bouffon cabotin du langage
Est-ce un cœur délicat passionné de partage ?
Est-ce du beau langage un virtuose un champion ?
Ou est-ce un bon client pour la télévision ?

Est-ce un fol histrion un acteur de génie ?
Bah, c'est un peu tout ça Fabrice Luchini
Si vous aimez la vie et la littérature
Il faut aller le voir et l'écouter bien sûr.

La veille ou l'avant-veille ou bien le lendemain
Volez, courez aussi place Charles-Dullin
Ovationner le grand l'immense Saladin
Dans un texte de Pennac, franch'ment c'est vachement bien.

Monsieur le maire d'Aulnay-sous-Bois[1]

29 mai 2015

Monsieur le maire d'Aulnay-sous-Bois, je vous lis une lettre que vous écouterez peut-être si vous avez le temps, si vous avez envie, si vous n'avez pas mieux à faire, si votre assistant pense à vous signaler que l'on a parlé de vous à la radio.

Je dis monsieur le maire d'Aulnay-sous-Bois, je pourrais tout aussi bien dire monsieur le maire de Chambéry, ou monsieur le maire de n'importe quelle ville qui a décidé de diminuer drastiquement les subventions destinées à la culture et particulièrement au théâtre. Je précise d'ailleurs à tous les théâtres. N'opposons pas cette fois-ci théâtre public et théâtre privé parisien puisque lui aussi bénéficie des subventions quand il part en province.

Je fais du corporatisme ? Peut-être. Tout le monde en fait. Personne ne serait contre l'idée de faire des efforts

1. On m'a fait savoir que (suite à cette chronique ?) monsieur le maire d'Aulnay-sous-Bois était revenu sur sa décision de diminuer les subventions destinées à la vie culturelle de sa ville. Bravo, monsieur le maire.

s'ils sont mesurés, si les élus donnent l'exemple et si on arrête de construire n'importe où des ronds-points, tous plus hideux les uns que les autres. L'équipe de l'Espace André-Malraux de Chambéry va être au chômage technique et les spectateurs privés de spectacles jusqu'en novembre, je trouve ça un petit peu radical. Rentre chez toi, André Malraux, ils sont devenus fous.

Les théâtres sont des lieux d'écoute, de rencontre, de discussion, d'intelligence, de beauté, d'humour et de joie. Vous ne trouvez pas que ce sont des notions qu'en ce moment il faudrait mettre un petit peu en valeur ? Après les événements de janvier, vous ne pensez pas que se réunir autour de paroles fortes, libres, construites, a un sens ? Le football a sauvé des enfants mais le théâtre aussi. Je ne veux pas dire du mal des stades mais le niveau de réflexion n'y est pas toujours au plus haut. Je ne veux pas faire preuve de mauvais esprit mais vous avez remarqué que ce n'est pas spécialement dans le domaine de la culture qu'on entend parler de blanchiment, de comptes cachés, de millions de dollars de pots-de-vin ? Les messages qui s'expriment dans les théâtres vis-à-vis des jeunes, des citoyens, ne devraient-ils pas être un peu valorisés ?

De plus, monsieur le maire de Boulogne-Billancourt, vous savez certainement, je dis ça au cas où vous voudriez vous faire réélire, qu'il y a en France plus de spectateurs qui se déplacent pour aller au théâtre que de supporters dans les stades de foot. Ça devrait vous faire réfléchir. Le rôle des maires ne devrait pas se réduire à inciter les citoyens à rester chez eux derrière leurs écrans, si ?

Fermer un théâtre, monsieur le maire de Boulogne-Billancourt, c'est une décision particulièrement grave, violente. Vous ne trouvez pas que la manifestation du

11 janvier (à laquelle peut-être vous avez participé) aurait un sens si cela voulait dire qu'on avait envie partout de défendre la liberté d'expression ?

Monsieur le maire de Boulogne-Billancourt, avant de décider de la fermeture définitive du Théâtre de l'Ouest parisien, permettez-moi de vous citer cette anecdote qui célèbre la politique quand elle est menée par des grandes consciences. Quand on proposa à Winston Churchill de couper dans le budget de la culture pour aider l'effort de guerre, il répondit : « Mais alors, pourquoi nous battons-nous ? »

Monsieur le maire, d'ici, d'ailleurs, hélas de partout, avant de supprimer un théâtre, de ratatiner le budget alloué au théâtre, à la médiathèque, prenez le temps de réfléchir et de répondre à la question suivante : « Pourquoi vous battez-vous ? »

On trouve de tout

5 juin 2015

La politique aujourd'hui, c'est les Galeries Lafayette. On trouve de tout. Des verts qui sont rouges. Des altermondialistes d'extrême droite. Des anti-mariage pour tous gays. Ce n'est pas facile de s'y retrouver. Quand on se sent républicain, ça ne veut pas forcément dire qu'on est pour Les Républicains. C'est compliqué. Être contre Les Républicains ne veut pas dire non plus qu'on se sente royaliste. D'autant qu'on peut être royaliste et antimonarchiste si on préfère Ségolène à l'héritier de la Couronne. On peut aussi être anti-hollandais et batave comme on peut être hollandais sans être néerlandais. Vous voyez ?

Des fois, je voudrais être Thomas Legrand pour essayer de comprendre les méandres de la politique. Peut-être pas Thomas Legrand, ce serait trop ambitieux, mais au moins Jean-Michel Aphatie. Enfin, un gars qui arrive à suivre…

Depuis peu, on peut être lepéniste et contre Le Pen. On peut être écologiste et ne pas être Vert.

La vie moderne elle-même n'est pas facile. On

peut être licencié alors qu'on n'a aucun diplôme tandis qu'on peut garder son travail et être licencié par exemple en droit. Si on est licencié, en droit, on doit pouvoir toucher du chômage.

On peut être écolier et ne pas être scolaire. On peut être professeur et pédagogue. On peut être comédien et sincère. On peut être immortel et mortel, par exemple je ne sais pas si vous avez lu le dernier livre de Giscard.

Heureusement, on peut être arabe et Charlie. On peut être musulman et athée. On peut être religieux et pas intégriste.

Évidemment, on peut être triste et gay. On peut être instruit et abruti.

On peut être inculte et intelligent. On peut être pyromane et pompier.

On peut être gironde et ne pas être bordelaise. On peut être charentaise et ne pas être spécialement pantouflarde.

Moi-même, je ne suis pas spécialement facile à comprendre. Je suis pétri de contradictions, d'oppositions, de désaccords. Je suis un oxymoron à moi tout seul. Je suis rouge et blanc, bourgogne et bordeaux, fromage et dessert, du soir et du matin. Je suis un jeune vieux, un rural citadin, un cérébral irréfléchi, un pondéré impulsif.

Jean-Jacques Sempé a titré ses albums comme on résumerait la vie moderne : *Rien n'est simple*, *Tout se complique*.

On peut être envers et contre tout. On peut être juge et partie. On peut être Loir-et-Cher. On peut être cher et rare.

Vu qu'il faut de tout pour faire un monde, on peut être tout et son opposé. On peut être centriste et extrémiste. On peut être conservateur et réformiste. On peut être antimondialiste et citoyen du monde. On peut être progressiste et réactionnaire. On peut être adulte et bon enfant.

Je vous dis, il faut de tout pour faire un monde. On peut être et avoir été. On peut très bien être une demoiselle qui a eu vingt-cinq ans en 1993 et rester une éternelle jeune fille.

On peut être une plage et une vague toujours nouvelle.

On peut être une école maternelle à Sète et un cinéma à La Tranche-sur-Mer, une traverse à la Pointe-Courte et un collège à Ligné.

On peut être Arlette et Agnès. On peut être Agnès et César. On peut être Varda et Demy. On peut être Demy et pas à moitié. On peut être la moitié de Demy et quand même être entière.

Enfin, on peut être ceci et cela.

Vu qu'il faut de tout pour faire un monde.

Et que dans ce monde, heureusement, il y a la joie, il y a la vie, il y a Varda, il y a Demy[1].

---

1. Agnès Varda était ce matin-là l'invitée de Patrick Cohen.

Chronique du Canada

12 juin 2015

Bonjour, je suis actuellement chez nos cousins du Canada et ça me fait très plaisir de vous annoncer que France Inter est ici très, très populaire. Vous ne vous en doutiez pas forcément. Eh bien, si ! France Inter est extrêmement célèbre aussi bien à Toronto qu'à Trois-Rivières, aussi bien à Québec qu'à Ottawa. Hier, dans une pharmacie où j'achetais un parapluie, la pharmacienne m'a dit : « Alors, comme ça, il paraît que Monsieur X raccroche ses patins ? »

Partout, dans les restaurants, dans la rue, dans les magasins, on me parle beaucoup des animateurs, des chroniqueurs. On me pose des questions. On me fait part de remarques, on me donne son sentiment. On me rapporte que Sophia Aram serait crampante, que François Rollin serait fun et que Nicole Ferroni serait pissante. L'auditeur canadien est extrêmement attentif à l'ambiance qui règne à France Inter. Un pharmacien chez qui j'achetais des pinces à vélo et une chambre à air m'a dit : « Bernard Guetta, j'ai l'impression qu'il a déjà vu neiger, par contre, l'autre jour, on aurait dit que Thomas Legrand il faisait baboune… » Faisiez-vous baboune, Thomas ? Je n'en sais rien. Je lui ai promis que je vous poserais la question.

Parfois, et je dois vous le dire, on n'hésite pas à critiquer, parfois durement. Quelqu'un ici à Radio Canada m'a parlé d'un régulier de la matinale, je ne vous dirai pas lequel, qui avait une face à fesser dedans.

Alors, je dois bien l'avouer, le français du Canada a ses particularismes, il n'est pas toujours très facile à comprendre. Une pharmacienne originaire de la baie des Chaleurs, chez qui j'achetais de la lingerie fine et une pince-monseigneur, m'a interpellé de la manière suivante : « Monsieur Morel, on dirait que Patrick Cohen, il aime beaucoup les turlutes. » Comme, immédiatement, je rougissais en m'étonnant de la verdeur de sa réflexion, elle me traduisit aussitôt ses propos : « On dirait que Patrick Cohen aime beaucoup les chansons populaires. » Tandis que j'acquiesçais, son mari, qui venait de servir des moufles et une soupière en porcelaine à un habitant de Yorkville, m'aborda avec le naturel et la bonne humeur si caractéristiques des habitants de la Belle Province : « Mais, dans le fond, à France Inter on passe ses journées sur ses foufounes ! » Comme je m'apprêtais à lui répondre avec la plus grande fureur et la plus totale indignation, il m'expliqua qu'il voulait simplement dire que les animateurs dans les studios restaient assis. C'est à ce moment-là que la jeune employée, apprentie pharmacienne, entra dans la conversation en même temps qu'elle servait un vieux monsieur qui commandait un escabeau, une paire de sandalettes, du mou pour son chat et un kilo de cerises. « Ah, me dit-elle, avec un fort accent. Et ton patron, M. Gallet, est-ce qu'il ne serait pas du genre à bouffer la moquette ? » Comme je lui avouais mon incompétence à traduire les finesses du parler québécois, elle me révéla qu'elle n'était pas du tout canadienne mais originaire de la Seine-Saint-Denis et que c'était le sens exact de sa question : « Est-ce que M. Gallet ne serait pas du genre à bouffer la moquette ? »

Bon, Patrick, j'imagine bien que maintenant il est temps pour chacun de lancer sa serviette, vous avez de la broue dans le toupette, et vu que vous êtes de bonne heure sur le piton, il est bien temps à c't'heure de paqueter ses petits.

Bref récital

19 juin 2015

Bonjour, une matinale essentiellement consacrée à la chanson, ce n'est pas tous les jours. J'en profite à cette occasion pour vous proposer un récital, un récital complet de dix œuvres originales et une reprise et un duo, tout ça sans supplément de prix pour l'auditeur et sans tellement de débordement temporaire. Enfin, on verra.

Accompagné par l'immense Antoine Sahler, j'ai l'honneur de vous présenter le bref récital !

1 – *Me voici, me voilà, mon amour...*

C'était ma chanson d'entrée en scène.

Maintenant, une chanson qu'Anne Hidalgo, j'espère, prendra la peine d'entendre un jour, une chanson sur Paris, une chanson qui fait mal, une chanson coup de poing dans la gueule, une chanson cri !

2 – *À Paris, on ne peut plus circuler*
Sur le boulevard Magenta

Heureusement qu'il y a tes bras
Pour m'y réfugier

Maintenant, une chanson amusante, appelée *Le Goujon* mais déclarée, je le signale pour les employés de la SACEM, sous le titre *Marion.* Je le précise afin qu'il n'y ait pas de malentendu concernant mes droits.

3 – *Je préfère taquiner Marion*
Que le goujon !!

La chanson, c'est aussi un engagement, une chanson, c'est aussi l'occasion d'interroger le monde…

4 – *La colombe de la paix*
Sous-famille des colombinés
Va-t-elle à nouveau s'envoler ?

La question est avancée, j'espère pouvoir défendre mon œuvre un peu partout dans le monde, en Tchétchénie, au Yémen, à Gaza, en Centrafrique, au Liban, en Syrie, partout où jamais l'on ne m'entend sans doute parce que ma parole de fleurs et de révoltes est objet de censure. Gérard Lenorman. Voici une chanson en hommage à Gérard Lenorman, injustement oublié des programmateurs, notamment du service public. Allez, Varrod, prends ça dans la gueule !…

5 – *Gérard, ah Gérard*
Tu es dans le brouillard
Comme un étendard
C'est rare !

Puisque nous sommes en France, une chanson à boire :

6 – *Patron, remets-nous ça !*

Maintenant, je voudrais traiter la question, peu souvent évoquée en chanson, des hommes battus… Pour la chanter avec moi, j'ai l'honneur d'accueillir une amie et immense artiste, Sophia Aram !

7 – *Ah non, s'il te plaît Pétronille*
Pas avec les talons aiguilles

Merci, Sophia. Un récital serait incomplet sans une reprise. Un hommage à notre maître à tous Charles Trenet dans une version que je dédie spécialement à Benjamin Biolay !

8 – *Que reste-t-il de nos amours ?*
Quelques pensions alimentaires

Sur des paroles de Clémentine Deroudille, *La Fripouille…*

9 – *Oh ma fripouille*
Oh ma grenouille
J'aime quand tu me fais des chatouilles
Et des grattouilles et des papouilles
Essentiellement sur les pieds.

Et c'est déjà l'heure de mon premier rappel, une chanson que j'ai écrite il y a trente-cinq ans déjà, créée par Sinatra au Carnegie Hall (Frankie, tu me manques tous les jours…), reprise par tout le monde de Billie Holiday à Ray Charles en passant par La Fouine. *Without you, public* dans sa version française.

10 – *Je le riposte*
Sans toi public
J'suis comme un compost
Sans son lombric

Je voudrais remercier les techniciens qui ont rendu ce concert possible, sans eux, nous ne serions rien… Mon second rappel, je le dédie à Bernadette Chamonaz qui n'aura jamais présenté le journal de 9 heures aussi tardivement…

11 – *Un jour, il faudra nous quitter*
Et c'est maintenant !

Je rigolerais qu'il pleuve

26 juin 2015

Pour conclure cette saison si mouvementée, si bouleversée, je voudrais juste évoquer une image, celle de cette violoncelliste de l'Orchestre philharmonique de Radio France, accrochée ce 8 janvier 2015 à son instrument comme à une bouée. L'orchestre s'apprêtait à jouer le deuxième mouvement de la *Septième symphonie* de Beethoven en hommage aux victimes et cette violoncelliste pleurait, ne pouvait pas s'empêcher de pleurer. Elle pleurait toutes les larmes de son corps. Elle pleurait des rivières de tristesse. Elle pleurait des torrents de chagrin. Un chagrin profond, terrible, insurmontable, inconsolable, et que chacun dans le grand auditorium de la Maison de la Radio pouvait comprendre, pouvait partager puisque c'était le sien.

Le sien précisément qui s'exprimait à travers ces larmes qui coulaient continûment, résolument, obstinément.

Quand l'orchestre joue, on regarde surtout le chef, on admire ses amples mouvements, on épie ses gestes de complicité, on guette ses ralentis et ses accélérés, on surveille le moment où il se penche, où il se courbe, où il s'amenuise quand les instruments chuchotent à l'unisson de son raffinement, on admire ses envolées lyriques quand la musique éclate, quand les bras montent au ciel pour accompagner une précipitation, une chevauchée, une cavalcade, mais on regarde peu chaque instrumentiste qui ne doit rien dévoiler de sa vie, qui ne doit rien dire de son inquiétude à cause du petit déposé quand même ce matin à la crèche alors qu'il n'avait pas bien dormi, qu'il couvait peut-être une angine ou les oreillons, on regarde peu chaque musicien qui ne doit rien révéler, chaque fois que le téléphone vibre dans la poche, de son appréhension à cause du père qui est devenu un très vieux monsieur et qui habite loin d'ici, vers Montpellier, et qui refuse d'aller dans une maison de retraite mais qui n'arrive plus à s'arranger tout seul, on regarde peu chaque artiste qui doit être au service de l'émotion des autres, l'émotion du compositeur qui, plus de deux siècles auparavant, une nuit d'inspiration frénétique, a écrit cette symphonie, celle du chef qui chaque fois doit la réinventer comme si elle naissait dans l'instant.

Mais, ce jour-là, la violoncelliste pleurait et ses larmes étaient les nôtres, les larmes de ceux qui n'arrivent pas à se résoudre à ce qu'un peu plus d'amour, de compassion, de compréhension, un peu plus d'humanité ne soient pas possibles sur terre.

Débusquer l'espoir, chercher l'humour, partager l'émotion.

Jean Yanne assurait que sur la place du Marché à Rouen, devant son bourreau Geoffroy Thérage, tandis qu'on commençait à mettre le feu sous le bûcher, les derniers mots de Jeanne d'Arc furent éblouissants de simplicité, chargés d'un espoir surhumain : « Je rigolerais qu'il pleuve. »

Table des matières

POCKET N° 15264

« Voilà un monsieur qui nous sauve la patrie une fois par semaine, qui ne craint pas d'affronter le meilleur des inventions humaines. »

Jean-Louis Ezine
Le Nouvel Observateur

François MOREL

L'AIR DE RIEN

Légèreté : se dit d'une chose peu importante, peu sérieuse.
Depuis plus de trois ans, François Morel présente ses billets dans la matinale de France Inter. En toute liberté, il y traite de ce qui lui passe par la tête : l'importance du courage en politique, la bêtise des consignes affichées dans le métro, le pouvoir, sa maman, l'évolution du monde, la galette des rois. Des petites et grandes choses qui, traitées avec humour et ironie, font, l'air de rien, l'air du temps.

Composition et mise en pages
Nord Compo à Villeneuve-d'Ascq

Imprimé à Barcelone par:
BLACK PRINT
en juillet 2018

POCKET – 12, avenue d'Italie – 75627 Paris Cedex 13

Dépôt légal : février 2017
S26881/02